मुअनजोदड़ो

मुअनजोदड़ो

ओम थानवी

वाणी प्रकाशन

प्रकाशन के उत्कृष्टतम 60 वर्ष

पहला संस्करण : 2011
दूसरा संस्करण : 2023

vaniprakashan.com

वाणी प्रकाशन

4695, 21-ए, दरियागंज, नयी दिल्ली-110 002

फ़ोन : +91 11 23273167, 23275710

शाखाएँ

अशोक राजपथ, पटना-800 004, बिहार

कॉफ़ी हाउस कैम्पस, महात्मा गांधी मार्ग, इलाहाबाद-211 001, उत्तर प्रदेश

महात्मा गांधी अन्तरराष्ट्रीय हिन्दी विश्वविद्यालय, वर्धा-442 001, महाराष्ट्र

36/ए, शेक्सपियर सरणी, रानी बिरला गर्ल्स कॉलेज के पास, कोलकाता-700 017, प. बंगाल

sales@vaniprakashan.in
vaniprakashan@gmail.com

Muanjodaro
by Om Thanvi

ISBN : 978-93-5000-723-5
Travelogue

मूल्य : ₹ **395**

रेखांकन : धर्मेन्द्र पारे
लेखक का फ़ोटो : शिवकान्त

आर. टेक ऑफ़सेट प्रिंटर्स, दिल्ली-110 032 में मुद्रित

वाणी प्रकाशन का लोगो मक़बूल फ़िदा हुसेन की कूची से

माँ और पिता जी को
सश्रद्ध निवेदित

आभार

स्मृतिशेष रामचंद्र गांधी निर्मल वर्मा अशोक शास्त्री मंसूर सईद।

हमीद हारून इमदाद क़ाज़ी गुलाब पीरज़ादा कृष्णनाथ अशोक वाजपेयी विष्णु खरे राजकिशोर नंदकिशोर आचार्य शीन काफ़ निज़ाम मधुकर उपाध्याय पंकज सिंह के. बिक्रम सिंह अनामिका गगन गिल शिवकान्त राजेंद्र बोड़ा राजेंद्र राजन सूर्यनाथ सिंह बृजवासी लाल बृजमोहन पांडे अरुण माहेश्वरी अमर छाबड़ा उमाशंकर कुकरेती विनोद भारद्वाज गणेश रजवार।

राष्ट्रीय संग्रहालय नई दिल्ली भारतीय पुरातत्त्व सर्वेक्षण (विभाग) नई दिल्ली एशियाटिक सोसायटी कोलकाता क़ौमी अजायबघर कराची अजायबघर लाहौर अजायबघर मुअनजोदड़ो।

प्रस्तावना

ओम जी के लेखन से तो पूर्व परिचय है। किन्तु उनके यात्रा-वृत्तांत 'मुअनजोदड़ो' को पुस्तकाकार पहली बार पढ़ा।

पहले तो शीर्षक ने ही ध्यान खींचा। आम तौर पर सिन्धु घाटी सभ्यता के आख्यान में मोहनजोदड़ो-हड़प्पा पढ़ता-सुनता आया था। यह 'मुअनजोदड़ो' क्या चीज़ है?

"वे लोग मुअनजोदड़ो बोलते हैं।... मुअनजोदड़ो बाद का नाम है। मुआ यानी मृत... बहुवचन में मुअन मुआ का सिन्धी प्रयोग है। दड़ा याने टीला। मुअन-जो-दड़ोः मुर्दों का टीला।"

तो स्वस्ति है। किन्तु जिज्ञासा का कोई अन्त है? यात्रा का प्रयोजन क्या है? वैसे तो जीवन ही यात्रा है। तो जीवन का क्या प्रयोजन है?

इसी तरह यात्रा का? फिर भी...। भारत-पाक का बँटवारा क़ुदरती नहीं, बनावटी है। और सिन्धु घाटी सभ्यता दोनों की साझा सभ्यता-संस्कृति है। जब दिल्ली से एक पत्र का संपादक दूसरे 'देश' जाता है तो वहाँ उसका ठाठ अलग ही होता है। पर इस यात्रा में आगे डाकू हैं। कोहरे का आलम है। इसलिए उड़ान कब रद्द हो जाए, ठिकाना नहीं। फिर लाहौर से तक्षशिला का लम्बा सफ़र भी है। तो इस बीच ऐसा क्या है जो यात्री लेखक को बस से कराची से लाड़काणा-मुअनजोदड़ो जाने को विवश करता है? जिज्ञासा होगी। लेकिन हर जिज्ञासा का समाधान हो ऐसा कहाँ होता है? ज़रूरी भी कहाँ है?

इसके लिए आप किताब पढ़ें, सिर्फ़ देखें नहीं। आज-कल तो पढ़ते नहीं; देखते हैं। मैंने पढ़ा है, इसलिए कुछ कहने का हक़ बनता है। अन्यथा नहीं।

सिन्धु घाटी सभ्यता के काल, सहसा लुप्त हो जाने के कारण, लिपि, वैदिक सभ्यता के पूर्व-अपर सम्बन्ध आदि के बारे में बहुत काम हुआ है। एक सन्दर्भ सूची भी किताब में दी गई है। और यह सिर्फ़ रोब ग़ालिब करने के लिए नहीं है। ओम जी ने इस यात्रा के पहले – और बाद में भी – विषय के आगे-पीछे बहुत पढ़ा है। इसलिए जिन्हें इस

बाबत और जानना-समझना हो, वे यह संदर्भ की सूची ज़रूर देखें।

दो प्रश्न मेरे देखने में उभरते हैं: पहला लिपि के बारे में है और दूसरा वैदिक-पौराणिक सभ्यता से सम्बन्ध के बारे में। इन दोनों के बारे में, यह ऐसा ही है, इदमित्थम्; कुछ कहना कुछ नहीं कहना है। लिपि आज तक पढ़ी नहीं जा सकी। हालाँकि दावे अनेक हैं। और सम्बन्ध के बारे में दो दृष्टियाँ हैं।

दृष्टि मात्र तो मिथ्या है, दुख देती है। ऐसी दृष्टि का मतलब आँख नहीं, अनदेखे में देखने की आँख नहीं, ऐनक है, चश्मा है। जिस रंग का चश्मा आप लगाएँ, दृश्य उसी रंग का दीखता है। और चश्मे का रंग तो देखने-दिखाने वाले की पसन्द पर है। दोनों दृष्टियों का संकेत 'मुअनजोदड़ो' में है। एक दृष्टि वर्जनशील है। कहीं आवन-जावन नहीं, 'सब कुछ यहीं है, जो यहाँ नहीं है वह कहीं नहीं।' दूसरी दृष्टि ग्रहणशील है। सृजनशील है। जो विविधता में सृष्टि का सत्य देखती है और उसमें सौन्दर्य और सकून पाती है। दोनों ही दृष्टियों से देखे गए तथ्य यहाँ हैं; किन्तु शायद रुझान दूसरी दृष्टि का है। वैसे आप मेरे कहे पर न जाएँ, खुद पढ़ कर देखें।

ओम जी ने मुअनजोदड़ो अपनी आँख से देखा है और लिखा है। चार किताबों की रूह छान कर नहीं।

इतिहास की पद्धति आगमन की है। वह विशेष से सामान्य की ओर ले जाती है। सिद्धान्त ('थ्योरी') सामान्य से विशेष की ओर निगमन की पद्धति है। उदाहरण हैः राम, मोहन, सोहन... मनुष्य हैं, मरते हैं; इसलिए मनुष्य मरणशील प्राणी है। यह तो हुआ आगमन। और निगमनः मनुष्य मरणशील प्राणी है, राम, मोहन, सोहन मनुष्य हैं, इसलिए मरने वाले हैं। तो जो विशेष-विशेष तथ्य हैं उन पर से सिद्धान्त बनाएँ; इतिहास की ईंट से सिद्धान्त का निर्माण करें तो यह ऐतिहासिक पद्धति है। इस दृष्टि से तो जो तथ्य उपलब्ध हैं, उन्हें जस-का-तस पेश कर देना बस है। जो नहीं है, जिनका साक्ष्य नहीं है, उनके बारे में नम्रतापूर्वक स्वीकार कर लेना कि ये जानने में नहीं आए हैं, इतना कह देना ही बस है। उसमें अपनी दृष्टि से जोड़ना-घटाना उसको तोड़ना-मरोड़ना है। यह कालात्मा यानी इतिहास की आत्मा, अगर कोई हो तो, उसकी गर्दन उमेठना है।

जो हो, जिन्हें यह इतिहास-सिद्धान्त विश्लेषण न जँचे, वे इसे पलट कर आगे बढ़ें।... असल तो मुर्दों का टीला है, न कि गड़े मुर्दे उखाड़ना-पछाड़ना। जिनकी उसमें रुचि-गति है, इसके लिए भी यहाँ अखाड़ा खुदा हुआ है। किन्तु यह मेरे लेखे 'मुअनजोदड़ो' का प्रयोजन नहीं है।

पुस्तक पढ़ते हुए मुझे ऐसा लगा कि वहाँ ओम जी के मन-प्राण में कुछ

उकस गया है। कुछ गूँज-अनुगूँज, कोई अनुभूति जो उनके राजस्थानी मन को छू गई है। और यह उसका ही बखान है: "मुअनजोदड़ो में उस रोज़ हवा बहुत तेज़ बह रही थी।... सूने घरों में हवा और ज़्यादा गूँजती है। इतनी कि कोनों का अँधियारा भी सुनाई पड़े।..."

यह हवा, यह गूँज, यह अँधियारा उन्हें ही सुनाई पड़ता है? या आपको भी?

वहाँ तो सब खँडहर है। मुर्दों का टीला ठहरा! "एक घर दूसरे में खुलता है। दूसरा तीसरे में। जैसे पूरी बस्ती एक बड़ा घर हो।... लेकिन घर एक नक़्शा ही नहीं होता। उसका एक चेहरा और संस्कार होता है।..."

इस नक़्शे के लिए, सूने घर के वास्तु-पुरुष की आत्मा के लिए, नाम-रूप के लिए, संस्कार के लिए इसे पढ़ना अच्छा लगता है। आपको कैसा लगता है?

– **कृष्णनाथ**

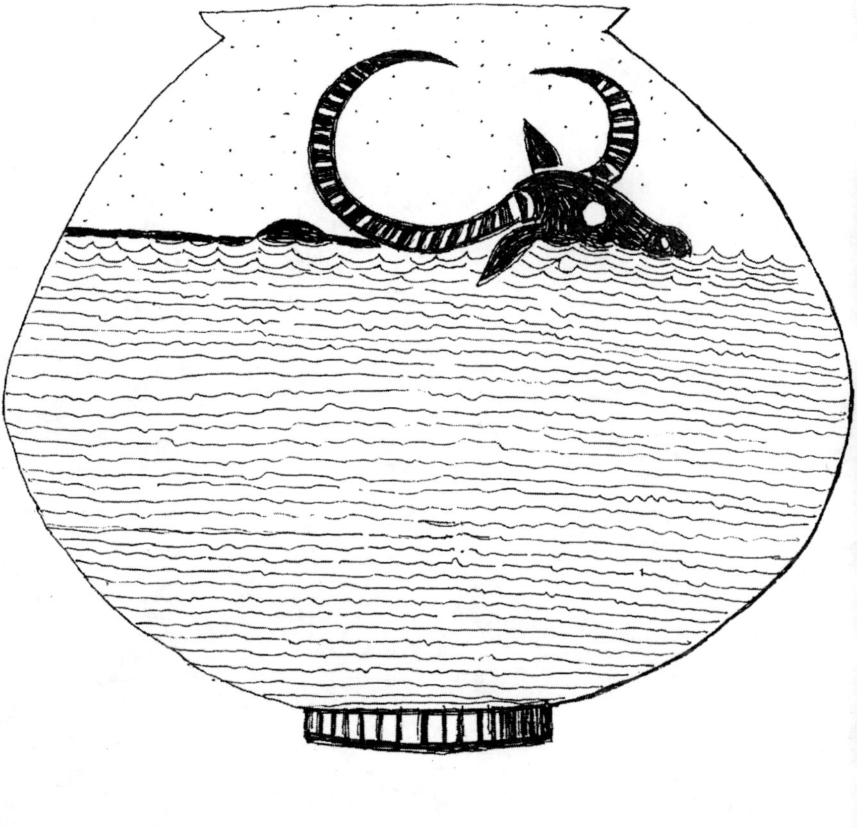

मुअनजोदड़ो

डाकू भारत में भी हैं। लेकिन मुझे अब तक देश में ऐसे किसी रास्ते से गुज़रने का मौक़ा नहीं मिला है, जहाँ पहले चेतावनी दी जाती हो कि होशियार होकर चलें, आगे डाकू हैं!

कराची से मुअनजोदड़ो सीधी हवाई सेवा है। मगर दुविधा थी कि हवा मार्ग से जाएँ या सड़क से। एक तो कोहरे का आलम था। पता नहीं उड़ान कब रद्द हो जाए। दूसरे, हमें आगे लाहौर से तक्षशिला तक लम्बा सफ़र तय करना था। तो जो ख़र्च बच जाए, वह अच्छा है।

सोचा टैक्सी से निकलें। मेरे दोस्त हमीद हारून ने चुटकी ली—कैसे संपादक हो! मैंने कहा, आपकी तरह अख़बार समूह का मालिक तो हूँ नहीं। फिर धीमे-से बोला, मेरा दस सफ़े का छोटे क़द का काला-सफ़ेद अख़बार है, इतना हलका कि हॉकर उसे ऊपर

फेंकता है तो फ़ौरन हाथों में वापस चला आता है! और मैं तो, जनाब, तफ़रीह के लिए आया हूँ!

अपने नाटकीय अन्दाज़ में आँखें छोटी करते हुए हारून बोले, फ़ालतू बातें नहीं, मैं अभी जहाज़ का टिकट मँगाता हूँ। मैंने भी उसी ठसक से कहा, हरगिज़ नहीं। पैसे का मसला नहीं है; कोहरे का डर है।

"मगर टैक्सी से भी हरगिज़ नहीं। ऐसी भूल, भूल कर भी न करें। रास्ता लम्बा है और उधर डाकू हैं। इसे मज़ाक़ न समझें।" हमीद संजीदा थे।

पाकिस्तान के पर्यटन-स्थलों की एक मार्गदर्शिका मेरे झोले में थी। देखा कि उसमें सिंध सूबे के हिस्से में 'कराची से बाहर' का ब्योरा कुछ यों शुरू होता था: "आपको सलाह दी जाती है कि कराची से बाहर किसी हथियारबंद गार्ड के बग़ैर न निकलें।" आगे इसका खुलासा भी था: "नब्बे के दशक से सिंध में कुछ सुरक्षा की समस्या है। डाकुओं के गिरोह, जो कई दफ़ा ज़मींदारों के साए में काम करते हैं, लूट के लिए बसों-रेलगाड़ियों को रोक लेते हैं या कारों को अग़वा कर लेते हैं।"

हम सिंध के दूसरे मित्र कामरेड इमदाद क़ाज़ी को सलाम बजाने पहुँचे तब उन्होंने भी हारून की बात की ताईद की। कहा, उधर टैक्सी में पूरा ख़तरा है। मगर जाना ज़रूरी है तो आप बस से जा

सकते हैं। जहाज़ की रवानगी का भरोसा नहीं। पर बसें बहुत आरामदेह हैं। लाड़काणा का रात भर का सफ़र है। सुबह होते पहुँच जाएँगे। मैं बस के वक़्त का पता कर देता हूँ। आगे फ़ोन भी कर दूँगा। हमारे लोग वहाँ आपकी राह देखेंगे। नाश्ते के बाद आपको वे अपनी गाड़ी से मुअनजोदड़ो ले जाएँगे, जो थोड़ी ही दूरी पर है।

पराई जगह पर यह अपनापा किसी को भी अभिभूत करता। मगर मेहमाननवाज़ी तो सिन्धवासियों की फ़ितरत में है।

बस रात बारह बजे थी।

जो वक़्त मिला, उसमें छोटी-मोटी काम की चीज़ें ख़रीद लीं। सबसे अहम फ़ोन का सिमकार्ड। दोनों देशों में दोस्ती का राग है। पर इधर का सिम उधर नहीं चलता। पहले चलता था। समझौता ख़त्म हो गया होगा। नए सिम से मेरे फ़ोन में जान आई। दिल्ली में घर बात की। फिर गाँव में।

रवाना हुआ तब माँ पाकिस्तान के नाम से चौंकी थी। दफ़्तर का ज़रूरी काम होगा, उसने पूछा। स्वर में दबी आशंकाओं की छाया छुपी न थी। मेरे यह कहने पर कि नहीं, घूमने जा रहा हूँ, उसने फिर पूछा—जाना ज़रूरी होगा? बुज़ुर्गों के मन में जो इलाक़ा इतना दूर चला गया, अभी क़रीब लौटा नहीं है। भरोसा कभी आसानी से नहीं लौटता।

लाड़काणा की बस सामने खड़ी थी। उसे देखकर ही झटका लगा।

बस वैसी न थी, तारीफ़ से जैसी उसकी तस्वीर बाँधी गई थी। लेकिन डाकुओं की तारीफ़ भी इतनी हो चुकी थी कि सामने खड़ी बस में फ़ुर्ती से बैठ जाने में हमने भलाई समझी।

भीतर हाल और बुरा था। अजीब-सी गन्ध। फटी सीटें। इनी-गिनी सवारियाँ। शंका हुई कि ख़स्ताहाल बस मंज़िल तक पहुँचाएगी भी कि नहीं? फिर थोड़ी आत्मसंशय की घड़ी। मैं जा क्यों रहा हूँ, खँडहरों के बीच? रखा क्या है अतीत की इस भटकन में! उतर जाएँ। फिर कभी देखा जाएगा। लगा कि दिल डूब रहा है। थकान थी या बेचैनी? या अवसाद! पता नहीं। पर कभी-कभी अपने को सँभालना पड़ता है। नहीं, यह अतीत की नहीं, अपनी जड़ों की पड़ताल है। कुछ अपनी आँख से देखने की चाह। यह तीर्थयात्रा है। अपनी सभ्यता के सबसे बड़े तीर्थ की। मौक़ा है और दस्तूर भी। चल निकले हैं तो पहुँच भी जाएँगे।

इस उधेड़बुन में मज़ा यह था कि पता नहीं कितना अरसा हो गया था, बस में सफ़र किए। दिल्ली से जयपुर गया था। क्या शानदार बस थी। अब आदत जाती रही। और यह पाँच सौ किलोमीटर का सफ़र। पूरी रात का। आँखों में नींद। संशय भरी रात। राहत इतनी

ही कि सबसे आगे की सीट थी, बोनट तक पाँव फैला सकता था। बैठते ही, बस रवाना होने से पहले, आँख लग गई।

अचानक किसी धमाके की-सी आवाज़ से सहम कर जागा। नहीं, कोई बाहरी हमला नहीं था। न कोई हादसा। चालक ने हिन्दी फिल्म 'जंगली' के गाने के साथ अपना स्टीरियो चला दिया था। गाना, शायद अनजाने, अपने चरम पर ही शुरू हुआ। या मुसाफ़िरों को जगाने के लिए उसने जान-बूझ कर ऐसा किया था? चालक और बग़ल में साए की तरह उसके साथ सड़क पर नज़रें गड़ाए बैठा ख़लासी, दोनों शरीफ़ लगते थे। चालक ने गाने की आवाज़ बाद में कुछ कम भी कर दी। लेकिन एक दफ़ा इस तरह उड़ी नींद वापस कब आती है। नींद भी भरोसे की तरह है, लौटने के मामले में।

भारत के गाने पाकिस्तान में बेहद लोकप्रिय हैं। पाकिस्तान के अपने गानों से ज़्यादा। बस का चालक लगातार साठ के दशक के मधुर हिन्दी गाने बजा रहा था। झुँझलाने के बाद मैंने जाग कर फिर चैन से सो जाने वाले मित्र अरुण (माहेश्वरी) की तरफ़ देखा। फिर, कातर नज़रों से, दाईं तरफ़ बैठे ख़ान बहादुर की तरफ़। उन्हें रास्ते में उतरना था। मैंने उन्हें अपनी रामकथा सुना कर कहा, आधी रात को बस में जब मुसाफ़िर सो रहे हों, यह ख़ुदा का बन्दा—हमारा चालक—गाने आख़िर किसके लिए बजा रहा है?

“अपने लिए,” उन्होंने सहज भाव से कहा। “ताकि उसे नींद न आ जाए! इसीलिए बड़ा स्पीकर उसके सिर पर टँगा है।” स्पीकर जितना उसके ऊपर था, उतना ही हमारे सिर पर। सबसे आगे ‘वीआईपी’ सीट पर जो बैठे थे!

ख़ान साहब का नाम नासिर ख़ान समझें (असल और था)। मुदर्रिस (अध्यापक) थे। पेशे के अनुरूप गम्भीर। मैंने कुछ बात शुरू की। उनसे बात चुकती तो मेरी बोझिल आँखें सामने सड़क के अँधेरे पर ठहर जातीं। सड़क पर रफ़्तार से दौड़ रही बस की रोशनी उसे भेदने की कोशिश करती थी। अँधेरे और रोशनी के इस खेल के साथ मन ख़यालों में डूबने-उतराने लगा। सहसा धीरज भर आया। चालक के प्रति करुणा जागी। पता नहीं किस सात्त्विक बोध में सारा गुस्सा, खीझ और नींद तिरोहित हो गए। विचार का सिलसिला चला। ख़ान साहब से बातों में, कुछ अपने ख़यालों में।

यह बस या रेल के सफ़र में ही मुमकिन है कि बिना किसी परिचय के साथ का मुसाफ़िर बरसों के परिचित की तरह पेश आए। उन चिकने ‘परिचय-पत्रों’ का आदान-प्रदान किए बग़ैर, जो चतुर-सुजानों के बटुओं में नोटों के बीच ठुँसे होते हैं। विमान के मुसाफ़िर तो आँखों में भी नहीं मुस्कुराते, अगर सामने अजनबी खड़ा हो। हवा में उड़ने और ज़मीन पर चलने का यह बड़ा फ़र्क़ है।

बस में ठण्ड थी, जो कराची से निकलते ही महसूस होने लगी थी। कहने की क्या दरकार कि बस अनुकूलित वायु वाली नहीं थी। क़ाज़ी साहब की हिदायत के मुताबिक जरसी मैंने पहले ही निकाल ली थी। हवा से एक ही दिक़्क़त थी कि उसमें शोर था। ऊपर के गाने और बाहर की हवा के बीच की टकराहट बातचीत में ख़लल पैदा करती थी। ख़यालों के सिलसिले में भी। पर इस जद्दोजहद में यह हुआ कि नींद दुबारा नहीं फटकी। एक-आध मीठी झपकी को छोड़कर।

कराची के बाद बस में—और आगे भी—सिंधी भाषा का बोलबाला था। सिंध के बाशिन्दे को आप पैरहन से भी पहचान सकते हैं। लम्बी क़मीज़, कन्धे पर जामुनी छाप वाला मोटा कपड़ा 'अजरक़'। सिर पर काँच-जड़ी रंग-बिरंगी गोल टोपीः ललाट पर एक कतरन से दो हिस्सों में बँटती हुई-सी। और पाँवों में कशीदेवाली चोंचदार जूतियाँ। औरतें चटख़ रंग का कढ़ाईदार घाघरा और काँच की ज़रदोज़ी वाली कुर्ती पहनती हैं। उस पर ओढ़नी, लाख के कंगन और चाँदी के गहने। सरहद के दूसरी तरफ़ सिंध से सटे हमारे राजस्थान में भी यह वेशभूषा आम है।

असल में सिंधु नदी के इर्दगिर्द सरसब्ज़ इलाके को छोड़कर बाकी सिन्ध विराट रेगिस्तान का ही हिस्सा है। थोड़ी सिंचाई सिंधु से

निकली नहरों से भी होती है। पर ज़्यादातर सिंधी आबादी बटाई पर फ़सल बोती है। खेतों के मालिक रईस ज़मींदार हैं, जैसे भुट्टो ख़ानदान। ज़्यादातर जमींदारी बलोचियों के क़ब्ज़े में है। उनकी मर्ज़ी के ख़िलाफ़ बटाईदार सिंधी वोट तक नहीं दे सकते।

नासिर ख़ान बोले कि पाकिस्तान में सबसे ज़्यादा हिन्दू—कोई पचीस लाख—सिन्ध में रहते हैं। बँटवारे से पहले यह तादाद ज़्यादा थी। यह बात इसलिए अहम है कि पूरे भारतीय उपमहाद्वीप में मुस्लिम राज सबसे पहले सिन्ध में क़ायम हुआ, इस्लाम की स्थापना के थोड़े ही समय बाद। सत्तरह साल के अरब शहज़ादे मोहम्मद बिन क़ासिम ने सन 711 में सिंध के राजा दाहिर पर धावा बोला था। बाद में इलाक़े पर बग़दाद के ख़लीफ़ाओं ने राज किया। उन्नीसवीं सदी तक मुग़लों समेत सात राजवंश यहाँ अपनी धाक जमा चुके थे। मगर हिन्दू-मुस्लिम फसाद यहाँ कभी नहीं हुए। बँटवारे के वक़्त भी नहीं।

इसकी वजह क्या रही होगी? क्या दो हज़ार साल पहले यहाँ क़ायम बौद्ध मत सहनशीलता और करुणा की इतनी गहरी जड़ें छोड़ गया?

"यह सिंध सूफियों की विरासत भी है।" नासिर ख़ान बोले। मैंने इत्तफ़ाक़ किया।

शाहबाज़ क़लंदर, शाह लतीफ़ सिंध में महान सूफ़ी सन्त हैं तो

वारिस शाह, बुल्ले शाह और शेख़ फ़रीद ने पंजाब में अमर सूफ़ी काव्य दिया है।

पर बँटवारे के बाद तो सिंध में जातीय दंगे बहुत हुए, मैंने हैरानी ज़ाहिर की।

"इसके सियासी वजूह रहे हैं।" ख़ान के मुताबिक़ बँटवारे के बाद यहाँ बड़ी तादाद में मुहाजिर आए। इनमें ज़्यादातर उत्तर प्रदेश के थे। नये मुल्क की राजधानी कराची होने की वजह से पाक-पंजाब से भी बड़ी तादाद में लोग आ गए। दोनों उर्दू या मिलीजुली हिंदी बोलते थे। कराची को केन्द्रशासित घोषित कर दिया गया। अंग्रेजी राजभाषा और उर्दू राष्ट्रभाषा हो गयी। सिंध के लोगों ने इसे अपनी पहचान पर हमला समझा। देखते-देखते सिंधी आबादी सूबे में घट कर सिर्फ साठ फ़ीसद रह गई। कराची और हैदराबाद जैसे बड़े शहरों में बाहरी आबादी ज़्यादा हो गई। कराची विश्वविद्यालय में सिन्धी विभाग बन्द कर दिया गया। नौकरियों में उर्दू बोलने वालों को तरजीह दी जाने लगी। सिंधी अपने ही सिंध में हाशिये पर चले गए।

"आख़िर सिंधी दो हज़ार साल पुरानी ज़ुबान है, उर्दू यहाँ कल आई है। सिंधी के बावन हर्फ़ हैं, उर्दू में सिर्फ़ अट्ठाईस।" नासिर का स्वर संयत था, पर मन विचलित लगता था। "आज हुकूमत, फ़ौज, आईएसआई और अफ़सरशाही में मुहाजिरों का हुक्म चलता है।

हुकूमत भी दो-तीन दफ़े तो मुहाजिरों के हाथों में ही जाती रही हैः मुल्क के पहले वज़ीरे आज़म लियाक़त अली मुहाजिर थे और मौजूदा हुक्मरान जनरल मुशर्रफ़ भी हैं!'' (सिंध सूबे में मुहाजिर वज़ीरे आला यानी मुख्यमंत्री नहीं बन सकता।)

लेकिन भुट्टो तो सिंध के थे?, मैंने कहा।

''हाँ, मगर उन पर वार करने वाला (ज़िया उल हक़) पंजाबी था और फाँसी की सज़ा सुनाने वाले जज भी।''

सिंध की राजनीतिक और प्रशासनिक फ़िज़ा पर मुहाजिर और पंजाबी समुदायों के छा जाने की एक वजह शायद यह भी थी कि उनमें शिक्षा ज़्यादा थी। आज पाकिस्तान के तीन करोड़ मुहाजिरों में सवा दो करोड़ केवल सिंध में हैं। बहरहाल, जातीय अस्मिता की इस कशमकश में सिंध में 'सिंधु देस' के लिए 'जिए सिंध' आन्दोलन उठ खड़ा हुआ। उधर मुत्ताहिदा क़ौमी मूवमेंट है जो मुहाजिरों की असरदार पार्टी है। दोनों में कई बार हिंसक झड़पें हो चुकी हैं। सैकड़ों लोग मारे गए हैं। कराची में सेना तक बुलानी पड़ी है।

ख़ान ने बताया, "हालात अच्छे नहीं हैं। थोड़ा-सा भड़के नहीं कि लोग ख़ून के प्यासे हो उठते हैं।"

प्यास शब्द जैसे मेरे कानों ने नहीं, होंठों ने सुना। पानी की तलब शायद पहले से थी, अहसास अब जागा। सामने दरवाज़े के

पास एक प्लास्टिक की टंकी रखी थी और प्लास्टिक का ही मग। लोग पीछे से आते थे, पानी पीकर लौट जाते थे। मैंने भी पिया। पर प्यास नहीं बुझी। शायद टंकी की कुछ अपनी महक पानी में दाख़िल हो गई थी। ख़ान बाद में बोले, इसीलिए मैं भी अगले स्टॉप का इन्तज़ार कर रहा हूँ।

अगला ठहराव जल्दी ही आ गया। एक लीटर साफ़ पानी पच्चीस रुपए का। मुल्क की अर्थव्यवस्था डाँवाडोल होने की यह अच्छी मिसाल थी। आपके यहाँ कितने में मिलती है, उन्होंने पूछा। मैंने बताया, दस रुपए में। पाकिस्तान के हिसाब से तेरह मान लें। उन्हें थोड़ा अचरज हुआ।

हमने मूँगफली ख़रीदी। उसका दाना अप्रत्याशित रूप से बड़ा था। मूँगफली के ठेले से कुछ दूर अजीब नज़ारा था। कई लोग चट्टानों पर लेटे बदन पर मालिश करवा रहे थे। उस वक़्त रात के ढाई बजे होंगे। पर किसी को देखकर लगता नहीं था कि जल्दी ही सुबह का पहला पहर शुरू होने वाला है। एक मालिश वाले पर शायद हर किसी की नज़र ठहरी होगी। वह सधे नृत्य की मुद्रा में, बदन में हिलोर लेकर, उँगलियाँ हवा में नचाता और तड़ाक से लेटे ग्राहक की पीठ पर जड़ देता। प्यार से। तय करना मुश्किल था कि वह मालिश कर रहा था या कोई नृत्याभ्यास!

उसे देख मुझे कई बरस पहले दिल्ली में राजपथ पर साउथ ब्लॉक क्रॉसिंग पर तैनात सिपाही की याद हो आई। वह यातायात नियंत्रण के इशारे नृत्य—या अर्धनृत्य—की मुद्राओं में अदा करता था। तब लाल-हरी स्वचालित बत्ती वहाँ नहीं थी। वह सिपाही इतना लोकप्रिय हुआ कि फ़्रांस वाले उसे अच्छी-ख़ासी नौकरी देकर पेरिस ले गए। दिल्ली में अपनी सेवा के आख़िरी रोज़ उसने पत्रकारों के सामने 'बीटिंग रिट्रीट' की तरह हुनर का विशेष प्रदर्शन किया था। कोई फ़्रांसुआ कभी इस मालिश वाले पर भी मेहरबान हो, मैंने सोचा।

बहरहाल, बस चलने के कोई घंटे भर बाद ख़ान अल्लाह हाफ़िज़ कह गए। मेरे मना करने पर भी बचे पानी की बोतल मेरे बग़ल में रखते हुए। और यह कहकर मेरा दिल कुछ बुझाते हुए कि पानी की ज़रूरत पेश आएगी, अभी तो लाड़काणा का आधा रास्ता भी पार नहीं हुआ है!

कोई मसला नहीं, उन्हीं के अंदाज़ में कहने को मन हुआ। पर बोला नहीं। इतनी बातचीत के बाद भी एक परदा कहीं बीच में टँगा रह गया था।

हाँ, जाते-जाते वे मेरे अशुद्ध उच्चारण 'लरकाना' को सुधारकर 'लाड़काणा' कर गए। एक कहावत भी सुनाईः "हुजैई नाणो, तो घुम लाड़काणो।" पैसा हो पास, तो पूरी हो लाड़काणा घूमने की आस।

पुराने जमाने में लाड़काणा कितना दूर लगता होगा, इसका अन्दाज़ा मुझसे बेहतर उस घड़ी कौन लगा सकता था! लाड़काणा पहुँचूँ, तब मुअनजोदड़ो का असल सफ़र शुरू हो!

एक अनमनी झपकी ली। फिर ट्रकों की गिनती शुरू कर दी। फ़ालतू वक़्त में इससे सार्थक काम हो नहीं सकता। आपने कभी बस में बैठे मील के पत्थर गिने हों तो समझ सकते हैं कि यह उतना नीरस काम भी नहीं था! घड़ियाँ गिनें या ट्रक, क्या फ़र्क़ पड़ता है!

लेकिन यहाँ कुछ बात बनी। ग़ौर किया कि बस जब कभी आगे जा रहे ट्रक के क़रीब पहुँचती, बस की रोशनी में जगमग ट्रकों की पीठ पर दिलकश चित्रकारी अंकित है! असल में यह चमकदार चिप्पियों से की गई पच्चीकारी है। किसी ट्रक पर बेल-बूटे हैं, किसी पर गौरैया-तोतों का जमघट। किसी पर नदी और मुहाने के पेड़ों पर पंछी—अपने सहज आकार से कुछ बड़े। कुछ ट्रकों पर फ़ौजी नायकों के पोर्ट्रेट दिखाई दिए। बग़ैर वर्दी के पोर्ट्रेट भी जो, मुझे शंका हुई, शायद ट्रकों के मालिकों के रहे होंगे। पर अनगढ़, शौक़िया हाथों में कल्पना और कौशल का यह काम निरर्थक नहीं था। पीछे आने वाले को चिढ़ाने या अपमानित करने वाले भद्दे नारों के मुक़ाबले यह काम सुरुचिपूर्ण लगा। ट्रकों पर चित्र कभी-कभी हमारे यहाँ भी देखने को मिल जाते हैं। पर वे हल्के पेंट में होते हैं, जिनका रंग उड़ जाता है।

उनमें कल्पनाशीलता भी कम होती है।

ट्रक-चित्रों की एक और ख़ूबी हैः आपको आँखें ही नहीं, ख़ुद के वाहन की हैडलाइट खोलनी पड़ती है। इस रोशनी में ही वे चिप्पियाँ खिलती हैं। चित्र उनके, रोशनी आपकी! ओवरटेक करने की जल्दबाज़ी में होंगे तो रोशनी हटते ही चित्र ग़ायब। किसी फ़न की तरह हुनर में भी यह संप्रेषण की दुतरफ़ा कार्रवाई है। भले सड़क-छाप क्यों न हो!

बाहर उजाला हो गया था। बस एक क़स्बे में रुकी हुई थी। सेवण? दुबारा पूछा। जी, सेवण शरीफ़! यक़ीन नहीं हुआ। किसी ने

ज़िक्र तक नहीं किया था कि बस सेवण होकर जाती है! सेवण का नाम आपने कई दफ़ा सुना होगा। रूना लैला, आबिदा परवीन, नुसरत फ़तह अली ख़ाँ जाने कितने फ़नकारों ने 'दमादम मस्त क़लंदर' गाकर झंकृत किया है। यह उन्हीं "सिंधड़ी के लाल" सूफ़ी फ़क़ीर शाहबाज़ क़लंदर का स्थान है। बाज़ के आख्यान को जोड़ कर उनके कई क़िस्से हैं, जो लोकमानस को देखते हुए न वहाँ अटपटे लगते होंगे, न यहाँ। लाल उनका नाम इसलिए पड़ा कि हरदम लाल कमली ओढ़े रहते थे।

मैं बस से घड़ी भर को उतरा। मन में अजब रोमांच था।

शाहबाज़ क़लंदर का जन्म आठ सौ साल पहले अफ़ग़ानिस्तान में हुआ था। बाद में सेवण उनका धाम हो गया। मुस्लिम उन्हें पीर मानते थे, हिन्दू भर्तृहरि का अवतार। आपने गौर किया होगा, 'सरायकी' भाषा में रची गई 'मस्त क़लंदर' मन्क़बत सिंध के देव झूलेलाल—जो लाल क़लन्दर से कोई सौ साल पहले हुए—से शुरू होती है और बाद में सूफ़ी सन्त पर आती हैः "ओ लाल! मेरी पत रखियो भला, झूलेलालन...सिंधड़ी दा, सेवण दा, सख़ी (दाता) शाहबाज़ क़लन्दर..."। मरहूम नुसरत फ़तह अली .ख़ाँ ने अपनी क़व्वाली 'झूले झूलेलाल; दम मस्त क़लन्दर' को पारम्परिक बंदिश से बिलकुल अलग भंगिमा दी है। मानो अपनी स्थायी में ही वे सिंध के दोनों लाल को एक साथ सजदा कर रहे हों। हिन्दू देवता और मुस्लिम सन्त दोनों को एक साथ पूजने वाला कोई दूसरा गीत मुझे फ़ौरन याद नहीं आया।

यह महज कहने के लिए कहना होगा कि सेवण शरीफ़ हिन्दू-मुस्लिम एकता का प्रतीक है! उस वक़्त लोग शायद ऐसी भाषा में सोचते ही नहीं थे क्योंकि दोनों समुदायों को वे, आज की तरह, भेद कर नहीं देखते थे; न यहाँ आने वाले, न उन्हें तारने वाले। इसके बावजूद यह बात अपनी जगह सही है कि शाहबाज़ क़लन्दर

हिन्दू-मुस्लिम, ग़रीब-अमीर की खाई को पाटने वाले पीर माने जाते हैं। भारत में (अब भारत-पाक!) ऐसे फ़क़ीरों-सन्तों की लम्बी परम्परा है। मेरे क़स्बे (फलोदी) से सटे रामदेवरा में 'बाबा रामदेव पीर' ऐसे ही लोकदेवता हुए हैं।

मैंने सिर उठाया। शाहबाज़ क़लन्दर की दरगाह की ओर देखा। आँखें बन्द कीं। पूरी अक़ीदत के साथ।

बस आगे चल दी।

मेरा एक मन वहीं छूट गया।

सुबह दस बजे बस आख़िर लाड़काणा पहुँची। बाज़ार से चली थी। बाज़ार में ही रुकी। कोई बस अड्डा भी वहाँ होगा। पर जहाँ लोगों को सुभीता हो, आख़िरी पड़ाव वहीं कामचलाऊ बस अड्डे में तब्दील हो जाता है।

असबाब सँभाला। चालक और ख़लासी को विदा दी। मैं उनके मौन पर फ़िदा था। हमारे यहाँ बस के दोनों साथी सतत बतियाते रहते हैं। भले इससे चालक का ध्यान क्यों न बँटता हो। मगर रात के सफ़र में मैंने ख़लासी की शायद आवाज़ तक नहीं सुनी। मुझे उसकी एक अदा याद रहेगी। वह चलती बस में आगे के दरवाज़े से बाहर निकलकर छत की सीढ़ियाँ चढ़ जाता था और सामान दुरुस्त कर

उलटे पाँव उतर आता। मज़ा यह कि उसके सिर पर बँधा ढीला-ढाला सफेद गमछा बाहर की तेज़ हवा में भी जमा रहता था। चालक के सिर पर सिंधी टोपी थी। मैंने अलविदा कहा तब भी दोनों चुप थे, पर उनकी आँखों में महसूस होने वाली गरमाहट थी।

बस पर क़ाज़ी साहब के दो कामरेड हमारे इंतज़ार में थे। दुआ-सलाम के बाद उन्होंने कहा कि हम तैयार होकर मुअनजोदड़ो के लिए निकल सकते हैं। कितना फ़ासला है? अट्ठाईस किलोमीटर। तब क्यों न सीधे ही निकल पड़ें!

हम टैक्सी स्टैंड की तरफ़ चल दिए।

इस बीच लाड़काणा को निहारा। सामने छोटा-सा रेलवे स्टेशन था। इतना उजाड़ जैसे बरसों से कोई रेलगाड़ी न आई हो, न गई हो। छोटे ढाबे। उनके बाहर खुले में सजी मेज़-कुर्सियाँ। खीर की तरह पकती चाय और उसे पोलीथिन में पैक करवा कर ले जाते रसिया। बाज़ार में क़स्बाई रंगत वाली दुकानें। ठेले, ख़ोमचे। मोटर-साइकिल जुते तिपहिए। हर तरफ़ रंग-बिरंगी ख़ास टोपियों में सिन्धी में गप लड़ाते लोग। उर्दू कराची में छूट गई। जैसे वहाँ का समन्दर। यहाँ हर तरफ़ धूल थी और कड़ी धूप। रेगिस्तान का सुखद अहसास कराती हुई।

लाड़काणा ज़ुल्फ़ीक़ार अली भुट्टो का शहर है। उन्होंने मुल्क का पहला आम चुनाव जीता। आठ साल राज किया। फिर फाँसी चढ़

गए। उनके विरोधी प्रचार करते थे कि ख़ज़ाना लुटाकर भुट्टो ने अपने शहर लाड़काणा को 'पेरिस' बना दिया। मैंने देखा, क़स्बे की मुख्य सड़कों पर शान से हर तरफ़ भागती एक निराली सवारी "गधा-गाड़ी" है, इस पेरिस की सबसे अलग पहचान।

लाड़काणा सूफ़ी फ़नकार आबिदा परवीन का शहर भी है। हमारे गम्भीर फ़िल्मकार कुमार शहानी का जन्म भी यहीं हुआ था। उनके पिता यहाँ के नामी वकील थे।

मुअनजोदड़ो के लिए लाड़काणा से निकलने वाली सड़क अच्छी है। खेतों के बीच होकर जाती है। और देखते-देखते हम मुअनजोदड़ो में।

क़द में लम्बे और शालीन गुलाब पीरज़ादा ने हमारी अगवानी की। उनके साथ अनवर और अब्दुल करीम थे। कुछ और साथी भी।

टूरिस्ट बंगले में पर्यटक नहीं थे। मैंने सोचा, लोग सुबह ही वह सब देखने निकल गए होंगे जिसके लिए आए हैं। बातचीत में मालूम हुआ कि बहुत कम पर्यटक इतनी दूर आते हैं।

वातावरण में सन्नाटा था। एक सधी हुई चुप्पी। मगर ठीक सामने, खिड़की के पार, मुअनजोदड़ो का अजायबघर दीखता था। उसकी नंगी ईंटों वाली दीवार पर दो सफ़ेद आकृतियाँ थीं। एक वृषभ, दूसरा हाथी। पहली ही नज़र में कोई पहचान सकता था कि ये

मुअनजोदड़ो की खुदाई में निकली उन मुहरों के विराट रूपाकार हैं, जिन्होंने रातोंरात दुनिया के सामने भारत के इतिहास का 'नक़्शा' बदल दिया था। सौ साल पहले भारत का दुनिया में महज़ दावा था कि उसकी सभ्यता प्राचीन है। बीसवीं सदी की देहरी पर मुअनजोदड़ो की खुदाई ने पहले हड़प्पा-कालीबंगा में हो चुकी खुदाई को समान रोशनी में देखा। और अन्ततः उस खोज ने सिंधु घाटी को मिस्र और मेसोपोटामिया (इराक़) की सुमेरी सभ्यता के समकक्ष ला खड़ा किया।

ज़ाहिर है, वह मुअनजोदड़ो ही था जिसने सबसे पहले भारत के इतिहास को पुरातत्त्व का वैज्ञानिक आधार दिया। मुअनजोदड़ो रवाना होने से पहले कराची में मैंने जो पर्यटक गाइड ख़रीदी थी, उसमें दर्ज़ था: 'जब यूरोप के लोग जानवरों की खाल ओढ़ा करते थे और अमेरिका महज आदिम जातियों का इलाक़ा था, यहाँ (सिंधु घाटी) के लोग धरती पर एक अत्यन्त परिष्कृत समाज का हिस्सा थे... और नगर निर्माण में सबसे आगे।'

पुरातत्त्व को प्राचीन इतिहास का रोशनदान कहा जाता है। यह रोशनी प्रामाणिक साक्ष्यों पर आधारित होती है। दिलचस्प बात यह है कि वैदिक काल से बहुत पुरानी सिंधु घाटी या हड़प्पा सभ्यता की कई गुत्थियाँ आज भी उलझी हुई हैं। यह अब तक साफ़ नहीं हो सका है

कि इस सभ्यता के बाशिंदे कौन थे। वे कहाँ गए? उनकी लिपि दुनिया की चार प्राचीनतम लिपियों में एक है। उसे कोई आज तक भेद नहीं सका है। सात देशों के सौ से ज़्यादा विशेषज्ञों की मेहनत के बावजूद। इतना ही प्रकट है कि वह चित्र-लिपि थी, जिसके चार सौ चिह्न ढूँढ़े जा चुके हैं। इसे लेकर भी विद्वानों में कम मतभेद नहीं हैं। मछली का चिह्न तो सब मानते हैं। वरना एक अंडाकार चिह्न को फ़िनलैण्ड के विशेषज्ञ आस्को पारपोला गाय का सिर मानते हैं, तो भारतीय विशेषज्ञ इरावतम महादेवन कोई शाही मर्तबान!

जो हो, सिंध के मुअनजोदड़ो, पाक-पंजाब के हड़प्पा, राजस्थान के कालीबंगा और गुजरात के लोथल व धौलावीरा आदि खुदाई में हासिल पुरावशेषों ने यह अच्छी तरह साबित कर दिया है कि सिंधु घाटी नागर संस्कृति थी। समृद्ध और व्यवस्थित। उन्नत खेती और दूर-दूर तक व्यवसाय करने वाले निवासी। उपकरणों का इस्तेमाल करने वाले और शुद्ध माप-तौल जानने वाले। उनका रहन-सहन और नगर नियोजन अनूठी प्रकृति का था।

इससे भी बड़ा उद्‌घाटन यह था कि वह साक्षर सभ्यता थी। एक सुरुचिसंपन्न संस्कृति। जाने कितनी बार चाक पर बने लाल मिट्टी के भाण्डों पर वे काली-भूरी रेखाओं वाले चित्र देखे मैंने हैं। वे असंख्य मुहरें, जिन पर बैल, हाथी, साँड़, गैंडा और चीता इतने सुडौल बने हैं

कि रेखाओं और आकृतियों के शिक्षक आज, पाँच हज़ार साल बाद, पलकें झपकाते हैं। यक़ीन न हो तो वह गले में लटकन वाला वृषभ देखिए जो अभी मेरे सामने, मुअनजोदड़ो के अजायबघर की दीवार पर, एक हज़ार गुना बड़े आकार में चमक रहा है। या बग़ैर कूबड़ वाला वह रहस्यमय पौराणिक एक-शृंगी। या अजायबघर में सँजोए चाँदी के बर्तन, ताँबे के गहने। हाथीदांत की कंघी, काँसे का आईना। चूने-पत्थर की मूर्तियों में स्त्रियों का केशविन्यास। पत्थर की मुहर पर सींग-मुकुट-धर 'पशुपति'—वे चाहे किसी समुदाय के नाथ हों।

इस सबसे भी सौन्दर्य जिज्ञासा पूरी न हो तो मुअनजोदड़ो की दो जगतविख्यात कृतियाँ देखिएः गुलकारी के दुशाले में 'याजक नरेश' (प्रीस्ट किंग) और काँसे में ढली निर्वसन युवती, जिसे न जाने किस ख़याल से 'नर्तकी' (डांसिंग गर्ल) क़रार दिया गया है। गर्व से तना मस्तक, बंद आँखें, मोटे होंठ, कंधे पर झूल आई वेणी, गले में हार, एक हाथ कमर पर, दूसरे हाथ में कंधे तक कंगन और आगे को बढ़ा पाँव! इन दोनों मूर्तियों को मैंने बार-बार देखा है। नरेश की तराशी हुई दाढ़ी, अधखुली आँखें, मोटे होंठ, ललाट व बाँह पर आभूषण और दुशाले के फूल। यह मूर्ति कराची में पिछली यात्रा में देखी थी। युवती की मूर्ति दिल्ली के राष्ट्रीय संग्रहालय में है। कुल जमा छह अंगुल का आकार, यानी एक पेंसिल से भी आधा। लेकिन अपनी आभा में मानो

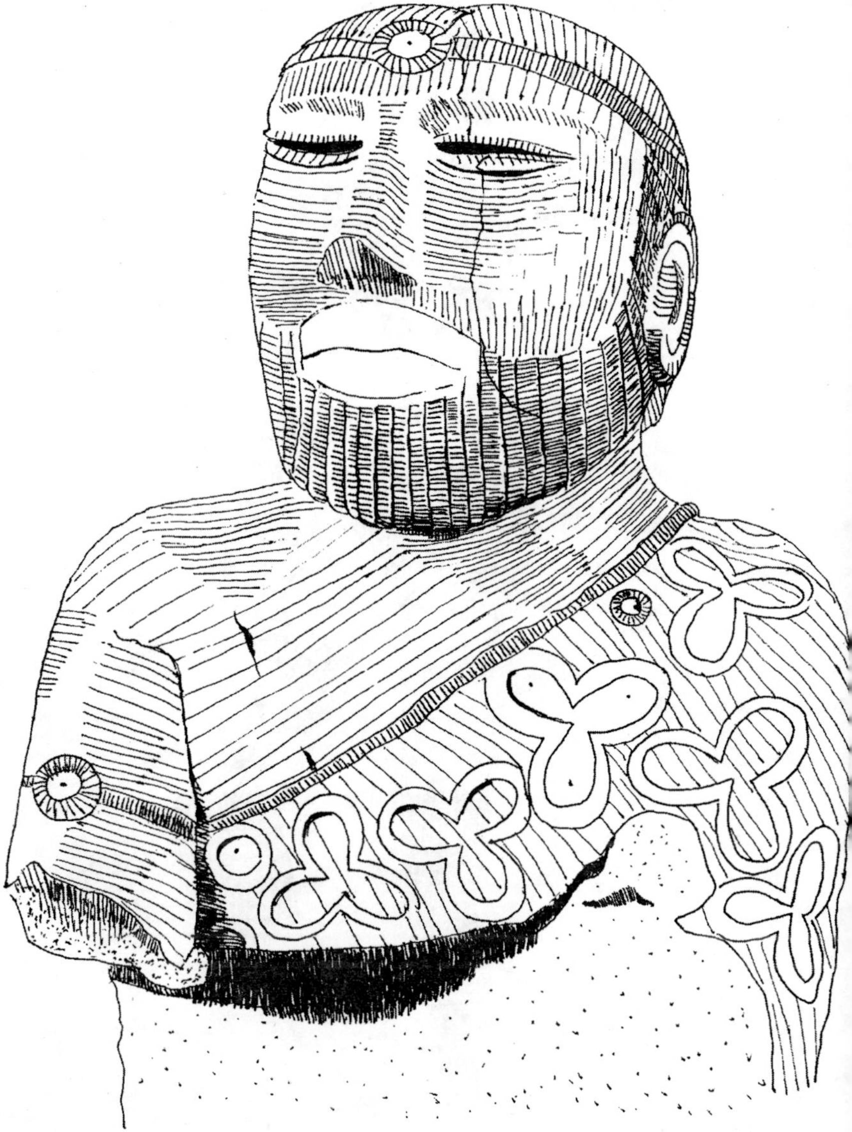

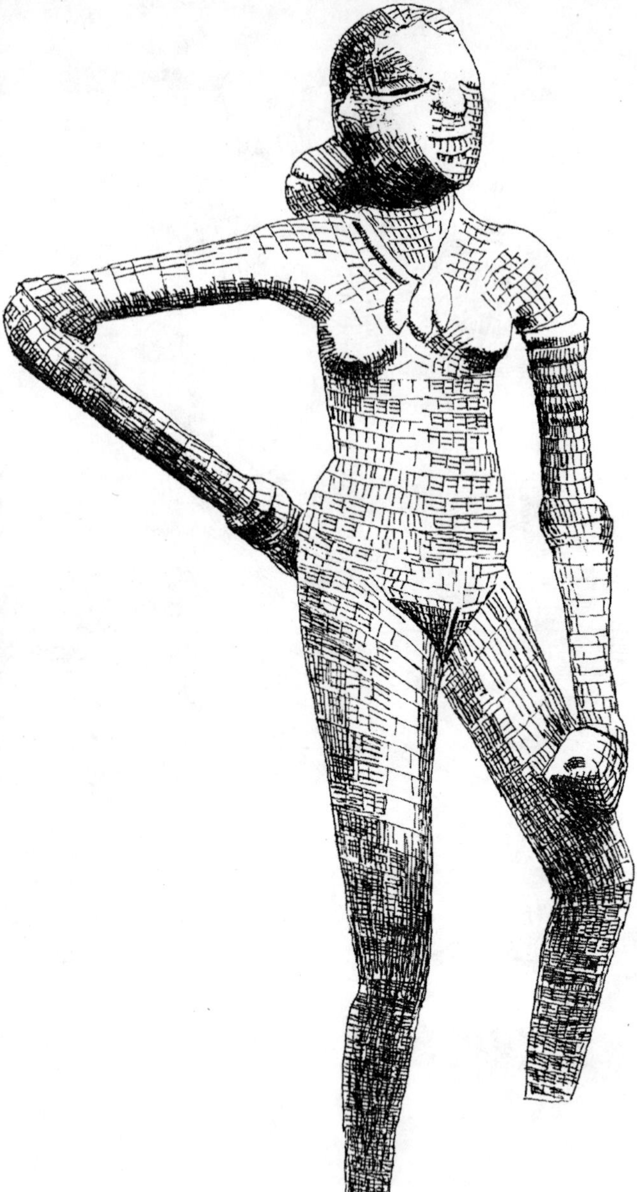

पूरे संग्रहालय पर भारी। 'नर्तकी' की मूरत के बारे में पुरातत्त्वज्ञ मार्टिमर वीलर ने कहा था, "मुझे नहीं लगता कि संसार में इसके जोड़ की कोई दूसरी चीज़ होगी।"

तय किया कि जितना जल्द हो, तैयार होकर हम मुअनजोदड़ो के असल खँडहरों के बीच होंगे। थकान है, पर अब नींद कहाँ आएगी। कल शोर ने नहीं सोने दिया। आज अतीत के सन्नाटे ने जगा दिया। सन्नाटे की गूँज शोर पर बहुत भारी जान पड़ती है।

तुरत-फुरत तैयार होकर हम सीधे नाश्ते की मेज़ पर पहुँचे। गपशप में कुछ जगहों के नाम की चर्चा चल पड़ी। मोहनजोदाड़ो है कि मोएनजोदड़ो? या मुअनजोदड़ो! हमारे मेज़बान गुलाब पीरज़ादा का कहना था कि हम लोग मुअनजोदड़ो बोलते हैं। फिर शायद हमारी उपस्थिति का ख़याल कर कहा, पर मोहन बोलने से भी क्या फ़र्क़ पड़ता है। कहते हैं, मोहन नाम का कोई राजा रहा हो शायद यहाँ। पर मुझे यह निरी अटकल लगी। मुअन का कोई अर्थ है। हालाँकि यह बात भी अपनी जगह है कि नाम में क्या रखा है। यह भी कि चलन की अहमियत ज़्यादा होती है। लेकिन संभव हो तो क़रीब के नामों को—वे लोगों के हों, या जगहों के—सही समझने की कोशिश ज़रूर होनी चाहिए! ख़ासकर तब जब वे अर्थ का अनर्थ करते हों।

कोई नहीं जानता कि सिंधु घाटी सभ्यता में शहरों के नाम

वास्तव में क्या रहे होंगे। मुअनजोदड़ो बाद का नाम है। शायद किसी सम्भावित हादसे से जोड़कर रखा गया नाम। मुआ यानी मृत; जैसे कि कोसते हुए हिन्दी में कहा जाता है—मुए ने जीना मुहाल कर दिया। बहुवचन में मुअन, मुआ का सिंधी प्रयोग है। दड़ा माने टीला। मुअन-जो-दड़ोः मुर्दों का टीला। रांगेय राघव का इस नाम से हिन्दी में उपन्यास है। मुख-सुख परम्परा में य-ज या स-ह की तरह उ-ओ में भी उच्चारण-भेद आम है। मसलन मुहर और मोहर। कौन जाने मुअन से मोअन होते हुए कब मोहन हो गया हो! वैसे, अंगरेजी में 'मोअन' ही लिखा जाता है। जैसे 'उमर' को वे 'ओमर' लिखते हैं, 'उसामा' को 'ओसामा'।

पीरज़ादा ने पूछा कि पहले अजायबघर देखना पसंद करेंगे या खँडहर। मैंने कहा, पहले असल मुअनजोदड़ो चलें। कितना दूर होगा? बोले, अजायबघर तो सामने है। मुअनजोदड़ो पाँच मिनट के रास्ते पर।

मुअनजोदड़ो के खँडहर 1924 में दुनिया के सामने आए। इनकी खुदाई का श्रेय जॉन मार्शल को दिया जाता है। वे पूरे बत्तीस बरस भारतीय पुरातत्त्व सर्वेक्षण के महानिदेशक रहे। उन्होंने अपने सहयोगियों का हौसला बढ़ाया, उन्हें दिशा दी। खोज की व्याख्या की, कुछ उलझे सूत्रों को जोड़ा। उन्होंने स्थापित किया कि सिंधु घाटी पूरी

तरह भारत में पनपी और पली-पुसी संस्कृति थी।

लेकिन हक़ीक़त यह है कि हड़प्पा और मुअनजोदड़ो की बीसवीं सदी की समूची आरंभिक खुदाई भारतीय पुरातत्त्ववेत्ताओं का काम था। इस सिलसिले में सबसे आश्चर्यजनक तथ्य यह है कि सिंधु घाटी के खुदाई अभियान के दौरान ही नहीं, इस खोज की घोषणा से पहले जॉन मार्शल ने खुद हड़प्पा या मुअनजोदड़ो जाना कभी ज़रूरी नहीं समझा! वे 1925 में मुअनजोदड़ो पहुँचे, तब जब लंदन में विशेषज्ञों ने उनकी 'खोज' को सुमेरी संस्कृति के बरक्स रख कर देखा। मार्शल या उनके सहयोगियों ने ख़ुद इसे उतना पुराना नहीं समझा था।

भारतीय पुरातत्त्ववेत्ताओं में सिंधु घाटी में पहले पहुँचे हीरानंद शास्त्री। उन्होंने 1909 में हड़प्पा (पंजाब) में खुदाई करवाई। हड़प्पा अब पाक पंजाब के साहिवाल जिले में है। हीरानंद भाषाशास्त्री थे और प्रसिद्ध साहित्यकार 'अज्ञेय' के पिता। डॉ. नयनजोत लाहिड़ी, जिन्होंने सिंधु घाटी की खुदाई के इतिहास पर महत्त्वपूर्ण काम किया है, का मानना है शास्त्री की खोज ने इस स्थापना में बुनियाद का काम किया कि सिंधु घाटी में बड़े आकार की ईंटों का प्रयोग हुआ था। डॉ. लाहिड़ी की सनसनीख़ेज जानकारी है कि हड़प्पा पर शास्त्री की मूल रिपोर्ट पुरातत्त्व सर्वेक्षण के अभिलेखों में उपलब्ध ही नहीं है। शायद खो गई हो।

शास्त्री के बाद 1911 में मुअनजोदड़ो क्षेत्र में डीआर भंडारकार ने सर्वे किया। हड़प्पा में 1917 में दयाराम साहनी ने सघन खुदाई करवाई। उनका काम बड़ा था। उन्हें पत्थर की मुहरें मिल गईं। पर यह उपलब्धि भी घाटी की सभ्यता को चिह्नित नहीं कर सकी। मुअनजोदड़ो में खुदाई का काम दो साल बाद हाथ में लिया गया। 1922-23 में राखालदास बंद्योपाध्याय ने खुदाई में वहाँ ऐसी मुहरें पाईं जो हड़प्पा से मेल खाती थीं। ध्यान देने की बात है कि तब तक मुअनजोदड़ो मुंबई प्रेसीडेंसी (सिंधु जिसके तहत था) की प्राचीन जगहों वाली सूची तक में शामिल नहीं था। बंद्योपाध्याय की खोज के बाद यह पुरातत्त्व का सबसे अहम ठिकाना बन गया। बंद्योपाध्याय के बाद माधोस्वरूप वत्स ने मुअनजोदड़ो की खुदाई की कमान सँभाली। उनके बाद काशीनाथ दीक्षित ने।

वत्स ने रेखांकित किया कि मुअनजोदड़ो और हड़प्पा में मुहरों के अलावा भी बहुत समानताएँ हैं। उनके इस इसरार ने मार्शल के कान खड़े कर दिए कि यह सामान्य जगह नहीं है, यहाँ मौर्य काल से भी पुरानी दास्तान निकलनी चाहिए। हालाँकि इससे ज़्यादा वत्स भी नहीं सोच सके।

हड़प्पा और मुअनजोदड़ो में सैकड़ों मील की दूरी है। पर इस खोज में दोनों की संस्कृति का बहुत निकट का राब्ता निकल आया

था। बाद में शिमला में मार्शल ने पुरातत्त्व के इन सभी विद्वानों की बैठक की। खुदाई में निकला सामान परखा। और 20 सितंबर, 1924 को *इलस्ट्रेटेड लंदन न्यूज़* में सिंधु घाटी सभ्यता की अवधारणा और खोज पर अपना लम्बा लेख छपवाकर भारत को मानो दुनिया की छत पर ला खड़ा किया।

आज सिंधु घाटी की धारा सिंध, पंजाब, गुजरात, राजस्थान, हरियाणा आदि को पीछे छोड़कर बलूचिस्तान के मैदान यानी मेहरगढ़ तक पहुँच गई है। वहाँ की खुदाई ने इस सभ्यता के सात हज़ार साल ईसा पूर्व के प्रमाण मुहैया कराए हैं। जानकार कहते हैं कि आबोहवा रूठने की वजह से वहाँ से लोग सिंधु घाटी की तरफ़ उतर आए। यहाँ उन्होंने बहुत तरक़्क़ी की, .खुशहाल हुए। फैलते हुए यह सभ्यता शिवालिक की तलहटी—आज के चण्डीगढ़—तक पहुँच गई। छह सौ साल की अपूर्व समृद्धि के बाद एक रोज़ वह हमेशा के लिए सिमट गई। कैसे? इस पर रहस्य की बहुत-सी परतें हैं।

बहरहाल, अभी भी मुअनजोदड़ो और हड़प्पा प्राचीन भारत के ही नहीं, दुनिया के दो सबसे पुराने नियोजित शहर माने जाते हैं। ये सिंधु घाटी सभ्यता के परवर्ती यानी परिपक्व दौर के शहर हैं। खुदाई में और शहर भी मिले हैं। लेकिन मुअनजोदड़ो ताम्र काल के शहरों में सबसे बड़ा है। वह सबसे उत्कृष्ट भी है। व्यापक खुदाई यहीं पर

सम्भव हुई। बड़ी तादाद में इमारतें, सड़कें, धातु-पत्थर की मूर्तियाँ, चाक पर बने चित्रित भाण्डे, मुहरें, साज़ो-सामान और खिलौने आदि मिले। सभ्यता का अध्ययन सम्भव हुआ। उधर हड़प्पा के ज़्यादातर साक्ष्य रेललाइन बिछने के दौरान 'विकास' की भेंट चढ़ गए। खुदाई से पहले हड़प्पा को ठेकेदारों और ईंट-चोरों ने खोद डाला था।

मुअनजोदड़ो के बारे में धारणा है कि अपने दौर में वह घाटी की सभ्यता का केंद्र रहा होगा। यानी एक तरह की राजधानी। माना जाता है यह शहर दो सौ हैक्टर क्षेत्र में फैला था। आबादी कोई पचासी हज़ार थी। ज़ाहिर है, पाँच हज़ार साल पहले यह आज के 'महानगर' की परिभाषा को भी लाँघता होगा।

दिलचस्प बात यह है कि सिंधु घाटी मैदान की संस्कृति थी, पर पूरा मुअनजोदड़ो छोटे-मोटे टीलों पर आबाद था। ये टीले प्राकृतिक नहीं थे। कच्ची और पक्की दोनों तरह की ईंटों से धरती की सतह को ऊँचा उठाया गया था, ताकि सिंधु का पानी बाहर पसर आए तो उससे बचा जा सके।

मुअनजोदड़ो की ख़ूबी यह है कि इस आदिम शहर की सड़कों और गलियों में आप आज भी घूम-फिर सकते हैं। यहाँ की सभ्यता और संस्कृति का सामान चाहे अजायबघरों की शोभा बढ़ा रहा हो, शहर जहाँ था अब भी वहीं है। आप इसकी किसी भी दीवार पर पीठ

टिका कर सुस्ता सकते हैं। वह कोई खँडहर क्यों न हो, किसी घर की देहरी पर पाँव रख कर सहसा सहम जा सकते हैं, जैसे भीतर कोई अब भी रहता हो। रसोई की खिड़की पर खड़े होकर उसकी गन्ध महसूस कर सकते हैं। शहर के किसी सुनसान मार्ग पर कान देकर उस बैलगाड़ी की रुन-झुन भी सुन सकते हैं जिसे आपने पुरातत्त्व की तस्वीरों में मिट्टी के रंग में देखा है। यह सच है कि किसी आँगन की टूटी-फूटी सीढ़ियाँ अब आपको कहीं ले नहीं जातीं; वे आकाश की तरफ़ जाकर अधूरी ही रह जाती हैं। लेकिन उन अधूरे पायदानों पर खड़े होकर अनुभव किया जा सकता है कि आप दुनिया की छत पर खड़े हैं; वहाँ से आप इतिहास को नहीं, उसके पार झाँक रहे हैं।

सबसे ऊँचे चबूतरे पर बड़ा बौद्ध स्तूप है। मगर यह मुअनजोदड़ो की सभ्यता के बिखरने के बाद एक जीर्ण-शीर्ण टीले पर बना था। कोई पचीस फ़ुट ऊँचे चबूतरे पर छब्बीस सदी पहले बनी ईंटों से स्तूप को आकार दिया गया। चबूतरे पर भिक्षुओं के कमरे भी हैं। 1922 में जब राखालदास बंद्योपाध्याय यहाँ आए, तब वे इसी स्तूप की खोजबीन करना चाहते थे। इसके गिर्द खुदाई शुरू करने के बाद उन्हें भान हुआ कि यहाँ ईसा पूर्व के निशान हैं। धीमे-धीमे यह खोज विशेषज्ञों को सिंधु घाटी सभ्यता की देहरी पर ले आई।

एक सर्पिल पगडंडी पार कर हम सबसे पहले इसी स्तूप पर

पहुँचे। पहली ही झलक ने हमें अपलक कर दिया। इसे नागर भारत का सबसे पुराना लैंडस्केप कहा गया है। शायद सबसे रोमांचक भी होगा। न आकाश बदला है, न धरती। पर कितनी सभ्यताएँ, इतिहास और कहानियाँ बदल गईं। ठहरे हुए लैंडस्केप में हज़ारों साल से लेकर पल भर पहले तक की धड़कन बसी हुई है। इसे देखकर सुना जा सकता है। भले ही किसी जगह के बारे में हमने कितना पढ़-सुन रखा हो, तस्वीरें या वृत्तचित्र देखे हों, देखना अपनी आँख से देखना है। बाक़ी सब आँख का झपकना है। जैसे यात्रा अपने पाँव चलना है। बाक़ी सब क़दम-ताल है।

मौसम जाड़े का था, पर दुपहर की धूप बहुत कड़ी थी। सारे आलम को जैसे एक फीके रंग में रँगने की कोशिश करती हुई। यह इलाक़ा राजस्थान से बहुत मिलता-जुलता है। रेत के टीबे नहीं हैं। पर खेत हरे हैं। बाक़ी वही खुला आकाश और सूना परिवेश। धूल, बबूल। ज़्यादा ठण्ड, ज़्यादा गरमी। मगर यहाँ की धूप का मिज़ाज जुदा है। राजस्थान की धूप पारदर्शी है। सिंध की धूप चौंधियाती है। तस्वीर उतारते वक़्त आप कैमरे में ज़रूरी पुर्जे न घुमाएँ तो ऐसा जान पड़ेगा, जैसे दृश्यों के रंग उड़े हुए हों।

पर इससे एक फ़ायदा हुआ। हमें हर दृश्य पर नज़रें दुबारा फिरानी पड़तीं। इस तरह बार-बार निहारें तो दृश्य ज़ेहन में ठहर जाते

हैं। जैसे तस्वीर देखकर उनकी याद ताज़ा करने की ज़रूरत शायद कभी न पड़े।

स्तूप वाला चबूतरा मुअनजोदड़ो के सबसे ख़ास हिस्से के एक सिरे पर स्थित है। इस हिस्से को पुरातत्त्व के विद्वान 'गढ़' कहते हैं। चारदीवारी के भीतर ऐतिहासिक शहरों के सत्ता-केन्द्र अवस्थित होते थे, चाहे वह राजसत्ता हो या धर्मसत्ता। बाक़ी शहर गढ़ से कुछ दूर बसे थे। क्या यह रास्ता भी दुनिया को मुअनजोदड़ो ने दिखाया?

मुअनजोदड़ो की सभी अहम—और अब दुनिया भर में प्रसिद्ध—इमारतों के खँडहर चबूतरे के पीछे यानी पश्चिम में हैं। इनमें 'प्रशासनिक' इमारतें, सभाभवन, ज्ञानशाला और कोठार हैं। वह आनुष्ठानिक कुण्ड या स्नानागार भी जो सिंधु घाटी सभ्यता के अद्वितीय वास्तुकौशल को स्थापित करने के लिए अकेला ही काफ़ी माना जाता है। असल में यहाँ यही एक निर्माण है जो अपने मूल स्वरूप के बहुत नज़दीक बचा रह सका है। बाक़ी इमारतें इतनी उजड़ी हुई हैं कि कल्पना और बरामद चीज़ों के जोड़ से उनके उपयोग का अन्दाज़ा भर लगाया जा सकता है।

मुअनजोदड़ो नगर नियोजन की अनूठी मिसाल हैः इस जुमले का मतलब आप बड़े चबूतरे से नीचे की तरफ़ देखते हुए सहज ही भाँप सकते हैं। इमारतें भले खँडहरों में तब्दील हो चुकी हों, मगर 'शहर'

की सड़कों और गलियों के विस्तार को स्पष्ट करने के लिए ये खँडहर काफ़ी हैं। यहाँ की कमोबेश सारी सड़कें सीधी हैं। या फिर आड़ी। वास्तुकार इसे 'ग्रिड प्लान' कहते हैं। आज की सेक्टर-मार्का कॉलोनियों में हमें आड़ा-सीधा 'नियोजन' बहुत मिलता है। लेकिन वह रहन-सहन को नीरस ही बनाता है। शहरों में नियोजन के नाम पर भी हमें अराजकता ज़्यादा हाथ लगती है। ब्रासीलिया या चण्डीगढ़ और इस्लामाबाद 'ग्रिड' शैली के शहर हैं जो आधुनिक नगर नियोजन के प्रतिमान ठहराए जाते हैं। लेकिन उनकी बसावट शहर के खुद विकसने का कितना अवकाश छोड़ती है, इस पर बड़ी शंका पैदा होती है।

मुअनजोदड़ो की साक्षर सभ्यता एक सुसंस्कृत समाज की स्थापना थी, लेकिन उसमें नगर नियोजन और वास्तुकला की आख़िर कितनी भूमिका थी?

स्तूप वाले चबूतरे के पीछे 'गढ़' है और ठीक सामने 'उच्च' वर्ग की बस्ती। उसके पीछे पाँच किलोमीटर दूर सिंधु नदी बहती है। पूरब की इस बस्ती से दक्षिण की तरफ़ नज़र दौड़ाते हुए पूरा पीछे घूम जाएँ तो आपको मुअनजोदड़ो के खँडहर हर जगह दिखाई देंगे। दक्षिण में जो टूटे-फूटे घरों का जमघट है, वह कामगारों की बस्ती है। कहा जा सकता है, इतर वर्ग की। सम्पन्न समाज में वर्ग भी होंगे। लेकिन क्या

निम्न वर्ग वहाँ नहीं था? कयास लगाया गया है कि निम्न वर्ग के घर इतनी मज़बूत सामग्री के नहीं रहे होंगे कि पाँच हज़ार साल तक टिक सकें। होंगे तो उनकी बस्तियाँ और दूर रही होंगी। यह भी है कि सौ साल में इस इलाक़े के एक-तिहाई हिस्से की खुदाई ही हो पाई है। अब वह भी बन्द है।

हम पहले स्तूप के टीले से कुण्ड के विहार की दिशा में उतरे। दाईं तरफ़ एक लम्बी गली दीखती है। इसके आगे कुण्ड है। पता नहीं सायास है या संयोग कि धरोहर के प्रबन्धकों ने उस गली का नाम दैव मार्ग (डिविनिटि स्ट्रीट) रखा है। माना जाता है कि उस सभ्यता में सामूहिक स्नान किसी अनुष्ठान का अंग था। किसी छोटे स्विमिंग-पूल की-सी शक्ल वाला कुण्ड क़रीब चालीस फ़ुट लम्बा और पच्चीस फ़ुट चौड़ा है। गहराई सात फ़ुट। कुण्ड में उत्तर और दक्षिण से सीढ़ियाँ उतरती हैं। इसके तीन तरफ़ कक्ष बने हुए हैं। उत्तर में दो पाँत में आठ स्नानघर हैं। इनमें किसी का द्वार दूसरे के सामने नहीं खुलता। सिद्ध वास्तुकला का यह भी एक उदाहरण है।

इस कुण्ड में ख़ास बात पक्की ईंटों का जमाव है। कुण्ड का पानी रिस न सके और बाहर का 'अशुद्ध' पानी कुण्ड में न आए, इसके लिए कुण्ड के तल में और दीवारों पर ईंटों के बीच चूने और चिरोड़ी के गारे का इस्तेमाल हुआ है। पार्श्व की दीवारों के साथ दूसरी दीवार

खड़ी की गई है, जिसमें रिसाव रोकने के लिए प्राकृतिक डामर का प्रयोग है। कुण्ड में पानी के बंदोबस्त के लिए एक तरफ़ कुआँ है। दोहरे घेरे वाला यह अकेला कुआँ है। इसे भी कुण्ड के आनुष्ठानिक होने का प्रमाण माना गया है। कुण्ड से पानी को बहाने के लिए नालियाँ हैं। ख़ासियत यह है कि ये भी पक्की ईंटों से बनी हैं और उनसे ढँकी भी हैं।

पक्की और आकार में समरूप धूसर ईंटें सिंधु घाटी सभ्यता की विशिष्ट पहचान मानी ही गई हैं, ढँकी हुई नालियों का उल्लेख भी पुरातात्त्विक विद्वान और इतिहासकार ज़ोर देकर करते हैं। पानी-निकासी का ऐसा सुव्यवस्थित बन्दोबस्त इससे पहले के आदि-इतिहास में नहीं मिलता।

कुण्ड के बाद हमने 'गढ़' का फेरा लगाया। कुण्ड के दूसरी तरफ़ विशाल कोठार है। कर के रूप में हासिल अनाज शायद यहाँ जमा किया जाता था। इसके निर्माण रूप—ख़ासकर चौकियों और हवादारी—को देखकर ऐसा क़यास लगाया गया है। यहाँ नौ-नौ चौकियों की तीन क़तारें हैं। उत्तर में एक गली है जहाँ बैलगाड़ियों का—जिनके प्रयोग के साक्ष्य मिले हैं—ढुलाई के लिए आवागमन होता होगा। ठीक इसी तरह का कोठार हड़प्पा में भी पाया गया है।

यह जगजाहिर है कि सिंधु घाटी के दौर में व्यापार ही नहीं, उन्नत

खेती भी होती थी। बरसों यह माना जाता रहा कि सिंधु घाटी के लोग अन्न उपजाते नहीं थे, उसका आयात करते थे। नई खोज ने इस ख़याल को निर्मूल साबित किया है। बल्कि अब कुछ विद्वान मानते हैं कि यह मूलतः खेतिहर और पशुपालक सभ्यता थी। लोहा तब नहीं था। पर पत्थर और ताँबे की बहुतायत थी। पत्थर सिंध में था। ताँबे की खानें राजस्थान की तरफ़ थीं। इनके उपकरण खेती-बाड़ी में प्रयोग किए जाते थे। जबकि मिस्र और सुमेर में चक़मक़ और लकड़ी के उपकरण इस्तेमाल होते थे।

इतिहासकार इरफ़ान हबीब के मुताबिक़ यहाँ के लोग रबी की फ़सल लेते थे। कपास, गेहूँ, जौ, सरसों और चने की उपज के पुख़्ता सबूत खुदाई में मिले हैं। वह सभ्यता का तर युग था, जो धीमे-धीमे सूखे में ढल गया।

विद्वानों का मानना है कि यहाँ ज्वार, बाजरा और रागी की उपज भी होती थी। लोग खजूर, ख़रबूज़े और अंगूर उगाते थे। झाड़ियों से बेर जमा करते थे। कपास की खेती होती थी। कपास को छोड़कर बाक़ी सबके बीज मिले हैं और उन्हें परखा गया है। कपास के बीज भले नहीं, पर सूती कपड़ा मिला है। वह दुनिया में सूत के दो सबसे पुराने नमूनों में एक है। दूसरा सूती कपड़ा तीन हज़ार ईसा पूर्व का है, जो जॉडर्न में मिला। मुअनजोदड़ो में सूत की कताई-बुनाई के साथ

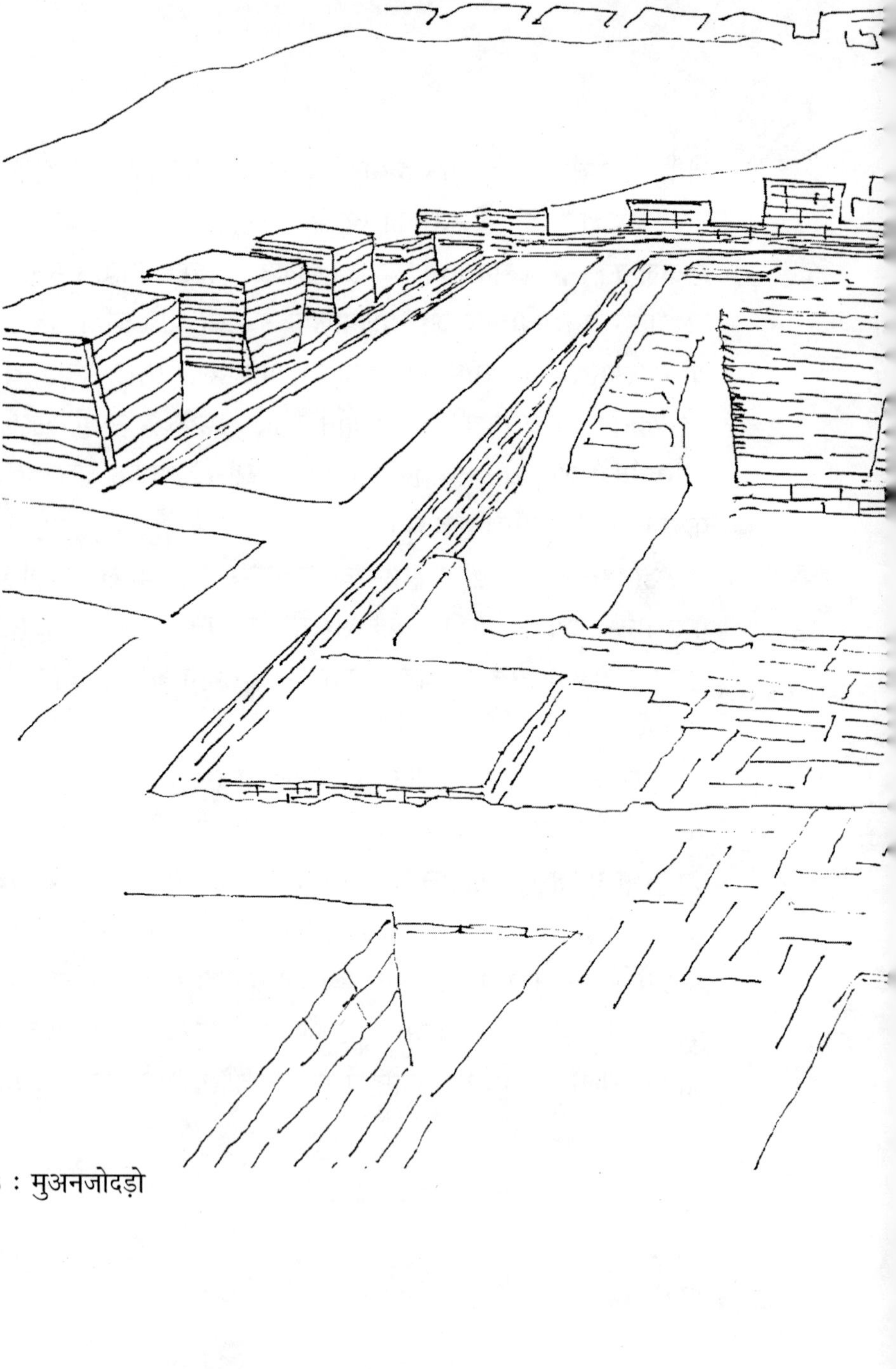

रँगाई भी होती थी। रँगाई का एक छोटा कारख़ाना खुदाई में माधोस्वरूप वत्स को मिला था। छालटी (लिनन) और ऊन कहते हैं यहाँ सुमेर से आयात होते थे। शायद सूत उनको निर्यात होता हो, जैसे बाद में सिंध से मध्य एशिया और यूरोप को सदियों हुआ। प्रसंगवश, सुमेरी यानी मेसोपोटामिया के शिलालेखों में मुअनजोदड़ो के लिए 'मेलुहा' शब्द का प्रयोग मिलता है।

कुण्ड के उत्तर-पूर्व में एक बहुत लम्बी-सी इमारत के अवशेष हैं। इसके बीचोबीच बड़ा दालान है। तीन तरफ़ बरामदे हैं। इनके साथ कभी छोटे कमरे रहे होंगे। पाकिस्तानी पुरातत्त्व विभाग के दक्षिण केंद्र के निदेशक एहसान नदीम का कहना है कि धार्मिक अनुष्ठानों में ज्ञानशालाएँ सटी हुई होती थीं; उस नज़रिए से इसे 'कॉलेज ऑफ प्रीस्ट्स' माना जा सकता है। दक्षिण में एक और भग्न इमारत है। इसमें बीस खम्भों वाला एक बड़ा हॉल है। नदीम के मुताबिक़ यह राज्य सचिवालय, सभा-भवन या कोई सामुदायिक केंद्र रहा होगा।

गढ़ की चारदीवारी लाँघ कर हम बस्तियों की तरफ़ बढ़े। ये 'गढ़' के मुक़ाबले छोटे टीलों पर बनी हैं, इसलिए इन्हें 'नीचा नगर' कहकर भी पुकारा जाता है। खुदाई की प्रक्रिया में टीलों का आकार घट गया है। कहीं-कहीं वे फिर ज़मीन से जा मिले हैं और बस्ती के कुएँ, लगता है, धरती छोड़कर मीनारों की शक्ल में बाहर निकल आए हैं।

पूरब की बस्ती 'रईसों की बस्ती' है। हालाँकि आज के युग में पूरब की बस्तियाँ ग़रीबों की बस्तियाँ मानी जाती हैं। मुअनजोदड़ो इसका उलट था। यानी बड़े घर, चौड़ी सड़कें, ज़्यादा कुएँ। मुअनजोदड़ो के सभी खँडहरों को खुदाई कराने वाले पुरातत्त्ववेत्ताओं का संक्षिप्त नाम दे दिया गया है। जैसे 'डीके' क्षेत्र—यानी दीक्षित काशीनाथ की खुदाई। यों यह 'डीके' क्षेत्र ही दोनों बस्तियों में सबसे महत्त्वपूर्ण है। शहर की मुख्य सड़क यहीं पर है। यह बहुत लम्बी सड़क है। कभी पूरे शहर को नापती होगी। अब आधा मील बची है। इसकी चौड़ाई तैंतीस फुट है। मुअनजोदड़ो से तीन तरह के वाहनों के साक्ष्य मिले हैं। इनमें सबसे चौड़ी बैलगाड़ी रही होगी। इस सड़क पर दो बैलगाड़ियाँ एक साथ आसानी से आ-जा सकती हैं। सड़क वहाँ पहुँचती है, जहाँ कभी 'बाज़ार' था।

इस सड़क के दोनों ओर घर हैं। लेकिन सड़क की ओर सारे घरों की सिर्फ़ पीठ दिखाई देती है। यानी कोई घर सड़क पर नहीं खुलता; उनके प्रवेश-द्वार अंदर गलियों में हैं। दिलचस्प संयोग है कि चण्डीगढ़ में ठीक यही शैली साठ साल पहले ली कार्बूज़िए ने इस्तेमाल की। वहाँ भी कोई घर मुख्य सड़क पर नहीं खुलता। आपको किसी के घर जाने के लिए पहले मुख्य सड़क से सेक्टर के भीतर दाख़िल होना पड़ता है; फिर घर की गली में, फिर घर में। क्या ली कार्बूज़िए ने यह

सीख मुअनजोदड़ो से ली? कहते हैं, कविता में से कविता निकलती है। कलाओं की तरह वास्तुकला में भी कोई प्रेरणा चेतन-अवचेतन में ऐसे ही सफ़र नहीं करती होगी?

ढँकी हुई नालियाँ मुख्य सड़क के दोनों तरफ़ समांतर दिखाई देती हैं। बस्ती के भीतर भी इनका यही रूप है। हर घर में एक स्नानघर है। घरों के भीतर से पानी या मैले की नालियाँ बाहर हौदी तक आती हैं और फिर नालियों के जाल से जुड़ जाती हैं। कहीं-कहीं वे खुली हैं, पर ज़्यादातर बन्द हैं। स्वास्थ्य के प्रति मुअनजोदड़ो वासियों के सरोकार की यह उम्दा मिसाल है। अमर्त्य सेन कहते हैं कि मुअनजोदड़ो के चार हज़ार साल बाद तक अवजल-निकासी की ऐसी व्यवस्था देखने में नहीं आई।

बस्ती के भीतर छोटी सड़कें हैं। उनसे छोटी गलियाँ भी। छोटी सड़कें नौ से बारह फुट तक चौड़ी हैं।

इमारतों से पहले जो चीज़ दूर से ध्यान खींचती है, वह है कुओं का प्रबन्ध। ये कुएँ भी एक ही आकार की पकी हुई ईंटों से बने हैं। इरफ़ान हबीब कहते हैं, सिंधु घाटी सभ्यता संसार में पहली ज्ञात संस्कृति है, जो कुएँ खोद कर भू-जल तक पहुँची। उनके मुताबिक़ केवल मुअनजोदड़ो में सात सौ के क़रीब कुएँ थे। बड़े व्यापारियों और किसानों के आँगन में शायद अपने कुएँ रहे होंगे।

नदी, कुएँ, कुण्ड और बेजोड़ जल-निकासी। क्या सिंधु घाटी

सभ्यता को हम जल-संस्कृति कह सकते हैं?

मुअनजोदड़ो की बड़ी बस्ती में पुरातत्त्वी काशीनाथ दीक्षित के नाम पर दो हलक़े हैं। पहला 'डीके-जी' है। इसके घरों की दीवारें ऊँची और मोटी हैं। मोटी दीवार का अर्थ यह लगाया जाता है कि उस पर दूसरी मंज़िल भी रही होगी। कुछ दीवारों में छेद हैं जो संकेत देते हैं कि दूसरी मंज़िल उठाने के लिए शायद यह शहतीरों की जगह रही हो। सभी घर ईंट के हैं। एक ही आकार की ईंटें—1:2:4 के अनुपात की। सभी भट्टी में पकी हुईं। हड़प्पा से हटकर, जहाँ पक्की और कच्ची ईंटों का मिला-जुला निर्माण उजागर हुआ है। मुअनजोदड़ो में पत्थर का प्रयोग मामूली हुआ। हमें कहीं-कहीं सिर्फ़ नालियाँ अनगढ़ पत्थरों से ढँकी दिखाई दीं।

इन घरों में दिलचस्प बात यह है कि सामने की दीवार में केवल प्रवेश-द्वार बना है, कोई खिड़की नहीं है। खिड़कियाँ शायद ऊपर की मंज़िल में हुआ करती हों। बड़े घरों के भीतर आँगन के चारों तरफ़ बने कमरों में खिड़कियाँ ज़रूर हैं। बड़े आँगन वाले घरों के बारे में समझा जाता है कि वहाँ कुछ उद्यम होता होगा। जैसे कुम्हारी का काम या कोई धातु-कर्म। हालाँकि सभी घर खँडहर हैं और दिखाई देने वाली चीज़ों से हम सिर्फ अन्दाज़ा लगा सकते हैं।

छोटे घर हैं और बड़े भी। लेकिन सब एक क़तार में हैं।

ज़्यादातर घरों का आकार तक़रीबन तीस-गुणा-तीस फ़ुट का होगा। कुछ इससे दुगने और तिगुने आकार के हैं। इनकी वास्तु शैली कमोबेश एक-सी प्रतीत होती है। व्यवस्थित और नियोजित शहर में शायद इसका भी कोई क़ायदा नगरवासियों पर आयद हो। एक घर को 'मुखिया' का घर कहकर पुकारा जाता है। इसमें दो आँगन और क़रीब बीस कमरे हैं।

डीके-बी और सी हलक़ा आगे पूरब में है। दाढ़ी वाले 'याजक-नरेश' की मूर्ति इसी तरफ़ के एक घर में मिली थी। डीके-जी की "मुख्य सड़क" पर दक्षिण की ओर बढ़ें तो डेढ़ फ़रलांग की दूरी पर 'एचआर' हलक़ा है। सड़क उसे दो भागों में बाँट देती है। यह हलक़ा हेरल्ड हरग्रीव्ज़ के नाम पर है, जिन्होंने 1924-25 में राखालदास बंद्योपाध्याय के बाद खुदाई करवाई थी।

यहीं पर एक बड़े घर में कुछ कंकाल मिले थे, जिन्हें लेकर कई तरह की कहानियाँ इतिहास में बनती-बिगड़ती रहीं। प्रसिद्ध 'नर्तकी' शिल्प भी यहीं एक छोटे घर की खुदाई में निकला। एक बड़ा घर है जिसे उपासना-केन्द्र समझा जाता है। इसमें आमने-सामने की दो चौड़ी सीढ़ियाँ ऊपर की (ध्वस्त) मंज़िल की तरफ़ जाती हैं। सबसे पहले भारतीय पुरातत्त्व विभाग के आख़िरी—और पाकिस्तान के पहले—महानिदेशक मार्टिमर वीलर ने इसे 'टेंपल' की संज्ञा दी थी।

पश्चिम में—गढ़ी के ठीक पीछे—माधोस्वरूप वत्स के नाम पर वीएस हिस्सा है। यहाँ वह 'रंगरेज़ का कारख़ाना' भी लोग चाव से देखते हैं, जहाँ ज़मीन में ईंटों के गोल गड्ढे उभरे हुए हैं। अनुमान है कि इनमें रँगाई के बड़े बर्तन रखे जाते थे। दो क़तारों में सोलह छोटे एक-मंज़िला मकान हैं। एक क़तार मुख्य सड़क पर है, दूसरी पीछे की छोटी सड़क की तरफ़। सबमें दो-दो कमरे हैं। स्नानघर यहाँ भी सब घरों में हैं। बाहर बस्ती में कुएँ सामूहिक प्रयोग के लिए हैं। ये कर्मचारियों या कामगारों के घर रहे होंगे।

मुअनजोदड़ो में कुओं को छोड़कर लगता है, जैसे सब कुछ चौकोर या आयताकार हो। नगर की योजना, बस्तियाँ, घर, कुण्ड, बड़ी इमारतें, ठप्पेदार मुहरें, चौपड़ का खेल, गोटियाँ, तौलने के बाट आदि सब।

छोटे घरों में छोटे कमरों के खँडहर समझ में आते हैं। पर बड़े घरों में छोटे कमरे देखकर अचरज होता है। इसका एक अर्थ तो यह लगाया गया है कि शहर की आबादी काफ़ी रही होगी। दूसरी तरफ़ यह विचार सामने आया है कि बड़े घरों में निचली (भूतल) मंज़िल में नौकर-चाकर रहते होंगे। ऐसा अमेरिकी नृशास्त्री ग्रेगरी पोसेल का मानना है। बड़े घरों के आँगन में चौड़ी सीढ़ियाँ हैं। कुछ घरों में ऊपर की मंज़िल के निशान हैं, पर सीढ़ियाँ नहीं हैं। शायद यहाँ लकड़ी की

सीढ़ियाँ रही हों, जो कालान्तर में नष्ट हो गईं। सम्भव है ऊपर की मंज़िल में ज़्यादा खिड़कियाँ, झरोखे और साज-सज्जा रही हो। लकड़ी का इस्तेमाल भी बहुत सम्भव है पूरे घर में होता हो। कुछ घरों में बाहर की तरफ़ सीढ़ियों के संकेत हैं। यहाँ शायद ऊपर और नीचे अलग-अलग परिवार रहते होंगे। छोटे घरों की बस्ती में छोटी सँकरी सीढ़ियाँ हैं। उनके पायदान भी ऊँचे हैं। ऐसा जगह की तंगी की वजह से होता होगा।

ग़ौर किया कि मुअनजोदड़ो के किसी घर में खिड़कियों या दरवाज़ों पर छज्जों के चिह्न नहीं हैं। गरम इलाक़ों के घरों में छाया के लिए तो यह आम प्रावधान होता है। क्या उस वक़्त यहाँ इतनी कड़ी धूप नहीं पड़ती होगी? मुझे मुअनजोदड़ो की जानी-मानी मुहरों पर अंकित पशुओं की आकृतियों का ख़याल आया। शेर, हाथी या गैंडा इस मरु-भूमि में कैसे हो सकते हैं? क्या उस वक़्त यहाँ जंगल थे? यह तथ्य स्थापित हो चुका है कि यहाँ अच्छी खेती होती थी। पुरातत्त्वी शीरीन रत्नागर का कहना है कि सिंधु-वासी कुओं से सिंचाई कर लेते थे। दूसरे, मुअनजोदड़ो की किसी खुदाई में नहर होने के प्रमाण नहीं मिले हैं। यानी बारिश उस काल में काफ़ी होती होगी। क्या बारिश घटने और कुओं के अत्यधिक इस्तेमाल से भू-गर्भ जल भी पहुँच से दूर चला गया? क्या पानी के अभाव में यह इलाक़ा उजड़ा और उसके

साथ सिंधु घाटी की सभ्यता भी?

मुअनजोदड़ो में उस रोज़ हवा बहुत तेज़ बह रही थी। किसी बस्ती के टूटे-फूटे घर में दरवाज़े या खिड़की के सामने से हम गुज़रते तो साँय-साँय की ध्वनि में हवा की लय साफ़ पकड़ में आती थी। वैसे ही जैसे सड़क पर किसी वाहन से गुज़रते हुए किनारे की पटरी के अंतरालों में रह-रहकर हवा के लयबद्ध थपेड़े सुनाई पड़ते हैं। सूने घरों में हवा और ज़्यादा गूँजती है। इतनी कि कोनों का अँधियारा भी सुनाई पड़े। यहाँ एक घर से दूसरे घर में जाने के लिए आपको वापस बाहर नहीं आना पड़ता। आख़िर सब खँडहर हैं। अब कोई घर जुदा नहीं है। एक घर दूसरे में खुलता है। दूसरा तीसरे में। जैसे पूरी बस्ती एक बड़ा घर हो।

लेकिन घर एक नक़्शा ही नहीं होता। उसका एक चेहरा और संस्कार होता है। भले ही वह पाँच हज़ार साल पुराना घर क्यों न हो। हम में हर कोई वहाँ पाँव आहिस्ता उठाते हुए एक घर से दूसरे घर में बेहद धीमी गति से दाख़िल होता था। मानो मन में अतीत को टटोलने की जिज्ञासा ही न हो, किसी अजनबी घर में अनधिकार चहल-क़दमी का अपराध-बोध भी हो। सब जानते थे यहाँ अब कोई बसने नहीं आएगा। लेकिन यह मुअनजोदड़ो के पुरातात्त्विक अभियान की ख़ूबी थी कि मिट्टी में इंच-दर-इंच कंघी कर इस क़दर शहर, उसकी गलियों

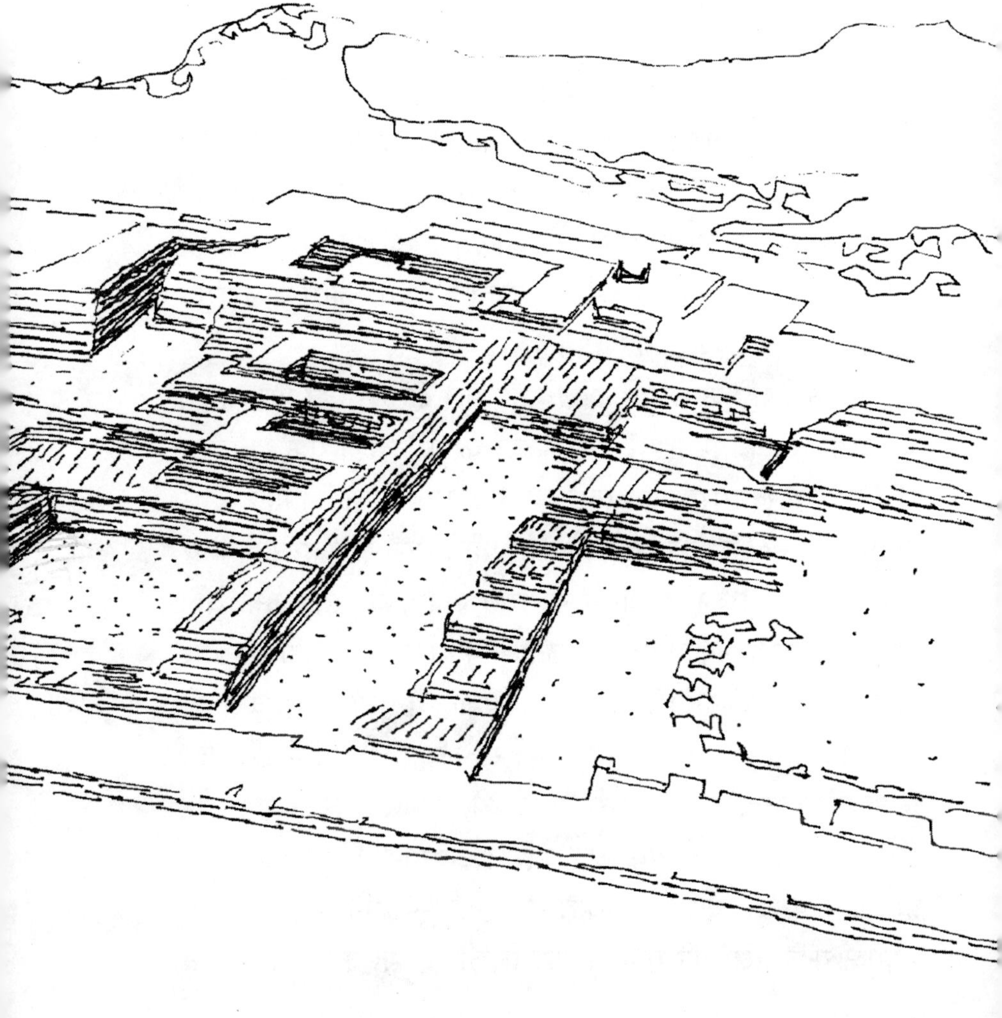

और घरों को ढूँढ़ा और सहेजा गया है कि एक अहसास हर वक़्त साथ रहता है: कल कोई यहाँ बसता था।

किसी राजस्थानवासी को मुअनजोदड़ो की गलियों में अपने इलाके का ख़याल न आए, ऐसा हो नहीं सकता। महज़ इसलिए नहीं कि (पश्चिमी) राजस्थान और सिंध-गुजरात की दृश्यावली एक-सी है। कई चीज़ें हैं जो यहाँ से वहाँ जुड़ जाती हैं। जैसे हज़ारों साल पुराने खेत। बाजरे और ज्वार की खेती। बेर।

मुअनजोदड़ो के घरों में टहलते हुए मुझे कुलधरा की याद आई। यह जैसलमेर के मुहाने पर पीले पत्थर के घरों वाला एक ख़ूबसूरत गाँव है। उस ख़ूबसूरती में हरदम एक ग़मी छाई रहती है। गाँव में घर हैं, पर लोग नहीं हैं। कोई डेढ़ सौ साल पहले राजा से तकरार होने पर स्वाभिमानी गाँव का हर वासी रातोंरात अपना घर छोड़ गया था। चौखट-असबाब आदि पीछे लोग उठा ले गए। घर खँडहर हो गए। पर ढहे नहीं। घरों की दीवारें, प्रवेश और खिड़कियाँ ऐसी हैं जैसे कल की बात हो। लोग निकल गए, वक़्त वहीं रह गया। खँडहरों ने उसे थाम लिया। जैसे सुबह लोग घरों से निकले हों, शाम ढले लौट आने वाले हों। हर आगन्तुक को एक अप्रत्याशित अवसाद में खींच लेने वाले इस गाँव पर नंदकिशोर आचार्य ने 'खोई हुई दुनिया में' नाम से मार्मिक कविताओं की एक शृंखला लिखी है। मधुकर उपाध्याय ने

'कुलधरा' नाटक भी लिखा है।

अतीत और वर्तमान का मुझमें यह अजीब द्वंद्वहै। बाढ़ से बचने के लिए मुअनजोदड़ो में टीलों पर बसी बस्तियाँ देखकर जैसलमेर, जोधपुर और बीकानेर से लेकर पोकरण-फलोदी तक के वे घर भी याद हो आए जो ज़मीन से आठ-दस फ़ुट उठाकर बनाए जाते थे। पानी का न सही, रेगिस्तान में रेत की बाढ़ का अपना ख़तरा होता है। ऊँचे घरों में निजता रहती है और बेहतर हवादारी भी।

राजस्थान ही नहीं, गुजरात, पंजाब और हरियाणा में भी कुएँ, कुण्ड, गली-कूचे, कच्ची-पक्की ईंटों के कई घर भी आज वैसे मिलते हैं जैसे हज़ारों साल पहले होते थे।

जॉन मार्शल ने मुअनजोदड़ो पर तीन खण्डों का एक विशद प्रबन्ध छपवाया था। उसमें खुदाई में मिली ठोस पहियों वाली मिट्टी की गाड़ी के चित्र के साथ सिंध में पिछली सदी में बरती जा रही ठीक उसी तरह की बैलगाड़ी का भी एक चित्र प्रकाशित है। तस्वीर से उन्होंने एक सतत परम्परा का इज़हार किया, हालाँकि कमानी या आरे वाले पहिये का आविष्कार बहुत पहले हो चुका था। जब मैं छोटा था, हमारे गाँव में भी लकड़ी वाले ठोस पहिए बैलगाड़ी में जुड़ते थे। अब तो उसमें जीप के उतारू पहिए लगते हैं। हवाई जहाज़ के उतारू पहिए बाज़ार में आने के बाद ऊँटगाड़े (गाड़ी नहीं) का भी आविष्कार

हो गया है। रेगिस्तान के जहाज़ से हवाई जहाज़ का यह दिलचस्प गठजोड़ है।

गुलाब पीरज़ादा ने ध्यान दिलाया कि मुअनजोदड़ो का अजायबघर देखना अभी बाक़ी है। खँडहरों से निकल हम उस इमारत में आ गए। जिस तरह खुदाई में निकला सामान वहाँ प्रदर्शित है, वह हमें खँडहरों से निकल आने का अहसास नहीं होने देता। अजायबघर छोटा ही है। जैसे स्कूल की इमारत होती है। सामान भी ज़्यादा नहीं है। अहम चीज़ें कराची, लाहौर, दिल्ली और लंदन में जा सजी हैं। अकेले मुअनजोदड़ो की खुदाई में निकली पंजीकृत चीज़ों की संख्या पचास हज़ार से ज़्यादा है। मगर जो मुट्ठी भर चीज़ें यहाँ जमा हैं, पहुँची हुई सिंधु सभ्यता की झलक दिखाने को काफ़ी हैं। शायद जल कर काला पड़ गया गेहूँ, ताँबे और काँसे के बर्तन, मुहरें, वाद्य, चाक पर बने विशाल मृद्-भाण्ड, उन पर काले-भूरे चित्र, चौपड़ की गोटियाँ, दीये, माप-तौल के पत्थर, ताँबे का आईना, मिट्टी की बैलगाड़ी और दूसरे खिलौने, पिसाई वाली चक्की, कंघी, मिट्टी के कंगन, रंग-बिरंगे पत्थरों के मनकों वाले हार और पत्थर के औज़ार। अजायबघर में तैनात अली नवाज़ बताता है, कुछ सोने के गहने भी यहाँ हुआ करते थे जो चोरी चले गए।

एक ख़ास बात यहाँ हर कोई महसूस करेगा। अजायबघर में प्रदर्शित चीज़ों में औज़ार तो हैं, पर हथियार कोई नहीं है। मुअनजोदड़ो क्या, सिंधु सभ्यता के हड़प्पा से लेकर हरियाणा तक हथियार उस अन्दाज़ में मिले ही नहीं हैं जैसे किसी राजतंत्र में होने चाहिए। इस बात को लेकर विद्वान सिंधु सभ्यता में शासन या सामाजिक प्रबन्ध के तौर-तरीक़े को समझने की कोशिश कर रहे हैं। वहाँ अनुशासन था, पर ताक़त के बल पर नहीं। वे मानते हैं कोई सैन्य सत्ता तब शायद न रही हो। मगर कोई अनुशासन ज़रूर था जो नगर योजना, वास्तुशिल्प, मुहर-ठप्पियाँ, पानी या साफ़-सफ़ाई जैसी सामाजिक व्यवस्थाओं में एकरूपता को क़ायम रखे हुए था। दूसरी बात, जो सांस्कृतिक धरातल पर सिंधु घाटी सभ्यता को दूसरी सभ्यताओं से अलग ला खड़ा करती है, वह है प्रभुत्व या दिखावे के तेवर का नदारद होना।

दूसरी जगहों पर राजतंत्र या धर्मतंत्र की ताक़त का इज़हार करने वाले महल, उपासना-स्थल, मूर्तियाँ और पिरामिड आदि मिलते हैं। हड़प्पा संस्कृति में न भव्य राजप्रासाद मिले हैं, न मन्दिर। न राजाओं, महंतों की समाधियाँ। यहाँ के मूर्तिशिल्प छोटे हैं और औज़ार भी। मुअनजोदड़ो के 'नरेश' के सिर पर जो 'मुकुट' है, शायद उससे छोटे सिरपेंच की कल्पना नहीं की जा सकती। वह पीछे फीते से बँधा है।

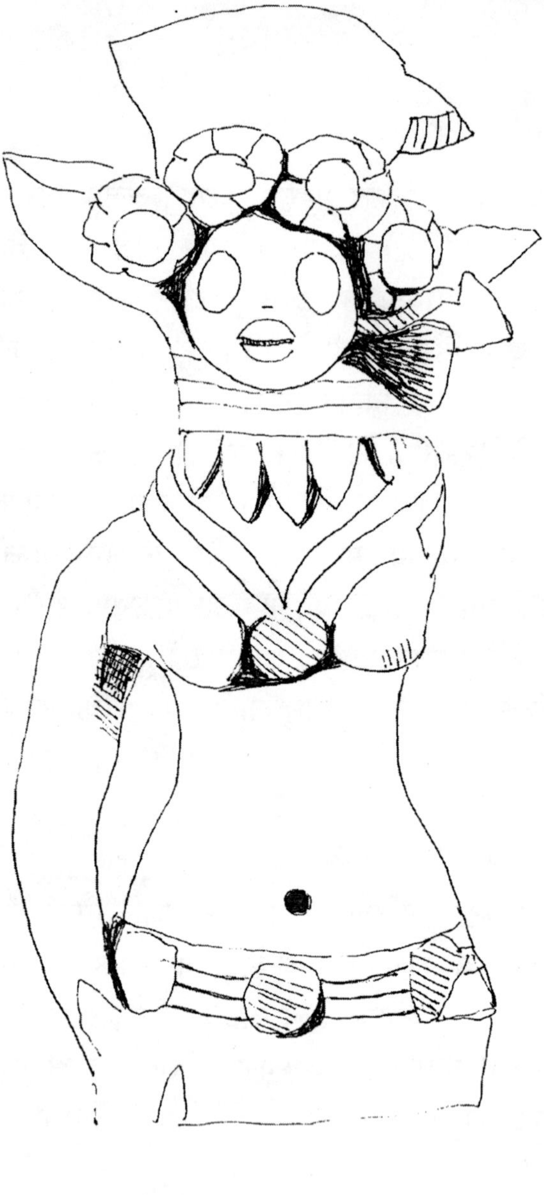

और तो और, विद्वान मानते हैं उन लोगों की नावें बनावट में मिस्र की नावों जैसी होते हुए भी आकार में छोटी थीं। आज के मुहावरे में हम कह सकते हैं वह 'लो-प्रोफाइल' सभ्यता थी; लघुता में भी महत्ता अनुभव करने वाली संस्कृति।

मुअनजोदड़ो सिंधु सभ्यता का सबसे बड़ा शहर तो था ही, उसे साधनों और व्यवस्थाओं को देखते सबसे समृद्ध भी माना गया है। दस लाख वर्ग किलोमीटर वाली सिंधु सभ्यता मिस्र और मेसोपोटामिया से कहीं बड़ी सभ्यता थी। फिर भी इसकी सम्पन्नता की बात कम हुई है तो शायद इसलिए कि इसमें भव्यता का आडम्बर नहीं है। दूसरी वजह यह भी है कि मेहरगढ़ से चार-पाँच हज़ार साल की लम्बी विकासशील अवधि के बाद मुअनजोदड़ो-हड़प्पा की परिपक्व अवस्था में पहुँची सिंधु सभ्यता पिछली सदी में ही उद्घाटित हो सकी। उसका रुतबा केवल छह सौ साल (2500-1900 ई. पू.) रहा। कहते हैं मुअनजोदड़ो की चरम समृद्धि का दायरा तो सौ साल से भी कम रहा। उसकी अनबूझ लिपि अभी भी सारे रहस्य अपने में छिपाए हुए है।

सिंधु घाटी के लोगों में कला या सुरुचि का महत्त्व ज्यादा था। वास्तुकला या नगर-नियोजन ही नहीं, धातु और पत्थर की मूर्तियाँ, मृद्-भाण्ड, उन पर चित्रित मनुष्य, वनस्पति और पशु-पक्षियों की

छवियाँ, सुनिर्मित मुहरें, उन पर बारीकी से उत्कीर्ण आकृतियाँ, खिलौने, केश-विन्यास, आभूषण और सबसे ऊपर सुघड़ अक्षरों का लिपिरूप सिंधु सभ्यता को तकनीक-सिद्ध से ज़्यादा कला-सिद्ध ज़ाहिर करता है। पुरातत्त्ववेत्ता बृजमोहन पाण्डे से दिल्ली में अक्सर मिलना होता है। उनका मानना है कि हड़प्पा सभ्यता की ख़ूबी उसका सौन्दर्य-बोध है, "जो राज-पोषित या धर्म-पोषित न होकर समाज-पोषित था।" शायद इसीलिए आकार की भव्यता की जगह उसमें कला की भव्यता दिखाई देती है। पुरातत्त्व के ज़्यादातर विद्वान सिंधु सभ्यता को हड़प्पा सभ्यता के नाम से पुकारना पसंद करते हैं, क्योंकि खोज के सिलसिले की शुरुआत हड़प्पा से हुई थी।

अजायबघर में रखी चीजों में कुछ सुइयाँ भी हैं। खुदाई में ताँबे और कांसे की बहुत सारी सुइयाँ मिली थीं। काशीनाथ दीक्षित को सोने की तीन सुइयाँ भी मिलीं। इनमें एक दो-इंच लम्बी थी। समझा गया है कि यह बारीक कशीदेकारी में काम आती होंगी। याद करें, 'नर्तकी' के अलावा जो 'नरेश' की मूर्ति है, उसके बदन पर गुलकारी वाला दुशाला है। आज छापे वाला कपड़ा 'अजरक़' सिंध की खास पहचान बन गया है, अगरचे कपड़ों पर छपाई का आविष्कार बहुत बाद का है। खुदाई में सुइयों के अलावा हाथीदाँत और ताँबे के सुए भी मिले हैं। जानकार मानते हैं कि इनसे शायद दरियाँ बुनी

जाती होंगी। हालाँकि दरी का कोई नमूना हासिल नहीं हुआ है। शायद अब कभी हासिल न हो, क्योंकि मुअनजोदड़ो में खुदाई ही बंद कर दी गई है।

फ्रांसीसी विद्वान जाँ ऑनरी फ़ाब्र ने कहा है कि इतिहास सिर्फ़ दोगले शासकों के नाम दर्ज करता है; वह यह नहीं बता सकता कि गेहूँ का उद्गम कहाँ हुआ था!

असल में गेहूँ के उद्गम का पता महज़ विद्वत्ता से नहीं चलता। इसके लिए फावड़ा उठाना पड़ता है। सलीक़े से ज़मीन खोदनी पड़ती है। यह काम पुरातत्त्व का है। शायद इसीलिए उसे इतिहास की रीढ़ कहा गया है। पुरातत्त्व इतिहास का प्रमाण है और प्राण भी। इतिहास अपनी विवशता में भले वंशावलियाँ बनाता हो, पुरातत्त्व गड़े मुर्दे उखाड़ कर अतीत में जीवन की खोज करता है। शायद इस तरह वह इतिहास में भी कुछ जान डालता है। मानव को अपने सभ्य होने के लम्बे सिलसिले का पता न चलता अगर पुरातत्त्ववेत्ता अस्मीभूत गेहूँ और भस्मीभूत जीव-जगत के अवशेष फिर से रोशनी के घेरे में न लाते।

मुअनजोदड़ो की खुदाई ने यह बख़ूबी साबित कर दिया था कि सिंधु सभ्यता यानी 'हड़प्पा संस्कृति' खेतिहर थी। आगे की खुदाई में कालीबंगा में एक पूरा खेत मिला। पहले हम अपनी सभ्यता की उम्र पाँच हज़ार साल बताते थे। बलूचिस्तान के मैदानी मेहरगढ़ में गेहूँ ही

नहीं मिला, सिंधु घाटी सभ्यता के नौ हज़ार साल पहले अस्तित्व में होने के प्रमाण भी मिले। भारत में लोथल और रंगपुर में परवर्ती सिंधु सभ्यता में चावल के प्रयोग के सूत्र भी मिले। अन्न ही नहीं, पुरातत्त्ववेत्ताओं ने इस सभ्यता के ढेरों पहलुओं को बँटवारे के बाद पाकिस्तान में चन्हू-दड़ो, कोट डीजी, आमरी, बालाकोट और नौशेरो में तो भारत में धौलावीरा, राखीगढ़ी, बणावली, सूरकोटड़ा, रोजड़ी आदि जगहों पर सार्थक खुदाई कर उजागर किया है।

लेकिन मुअनजोदड़ो में इस बात के स्मरण से कि अब यहाँ कभी खुदाई नहीं होगी, दिल कुछ बैठ-सा गया। कहना मुश्किल है कि यह पाकिस्तान सरकार की बेरुखी है या साधनों का अभाव। दो-तिहाई मुअनजोदड़ो अभी ज़मींदोज़ है। और उसके साथ आदि इतिहास के रहस्यों की दर्ज़नों परतों के साथ दो बड़ी गुत्थियाँ भी दफ़्न हैं।

दिल्ली से कराची रवाना होने से पहले मैंने इस सिलसिले में जो जानकारी हासिल की, उसमें कोई भी इस गुत्थी पर निर्णायक रोशनी नहीं डालती कि मिस्र और मेसोपोटामिया से बड़ी—और शायद पुरानी भी—सिंधु घाटी सभ्यता खत्म कैसे हो गई। इतिहास के ब्योरों में मुअनजोदड़ो और हड़प्पा जैसे विराट नगरों का सहसा लोप हो जाता है। नई वैदिक संस्कृति आ जाती है। हड़प्पा सभ्यता की कुछ परम्परा उसके बीच उभरी रहती है। इस विषय पर जो किताबें पाकिस्तान में

मिलीं, वे भी चर्चित आशंकाओं की फ़ेहरिस्त ही पेश करती थीं। मसलन, शायद सिंधु सभ्यता किसी भूकम्प की वजह से या नदी में आई बाढ़ से तबाह हो गई।

पर क्या सिंधु की बाढ़ सिंध, पंजाब और गुजरात पर एक साथ मार कर सकती है? यह भी कहा जाता है कि बाढ़ नहीं आई, सूखा पड़ा होगा। प्राकृतिक कारणों से उलट अमेरिकी पुरातत्त्ववेत्ता फ़ेयरसेर्विस की यह कल्पना बहुत चर्चा में रही है कि सिंधुवासियों ने भूमि का दोहन ज़्यादा किया, पशुओं की बेइंतिहा चराई की और अंधाधुंध जंगल काटे। इस क़यास को इरफ़ान हबीब ने एक हिसाब लगाकर नकारा है। उनके मुताबिक़ सिंधु आबादी का घनत्व एक वर्ग किलोमीटर में छह लोगों से ज़्यादा नहीं था। इतनी कम आबादी प्राकृतिक संसाधनों का इस्तेमाल बरबादी की हद तक कैसे कर सकती है?

यह भी सोचा जाता है कि सिंधु सभ्यता कोई साम्राज्य थी तो उसकी सत्ता का सन्तुलन या अनुशासन इतना चरमरा गया होगा कि समुदाय बिखर गए। इसी के साथ एक अन्दाज़ा यह है कि दो हज़ार ईस्वी पूर्व में मेसोपोटामिया से मुअनजोदड़ो का व्यापार ठण्डा पड़ गया और नतीजतन सिंधु घाटी की अर्थव्यवस्था चौपट हो गई। लेकिन इसके प्रमाण नहीं हैं कि विदेशी आयात-निर्यात बहुत बड़े पैमाने पर

था और समूची घाटी उसी पर निर्भर थी। नया शोध फिर प्राकृतिक कारणों की तरफ़ चला आया है। ताजा भूगर्भ अध्ययन से पता चला है कि भूमि का उठान यहाँ होता रहता था। उस वजह से, या कुछ समुद्र का स्तर ऊँचा उठने से, सिंधु का प्रवाह धीमा हो गया। उसने सिंचाई में गाद भर दी और खेतों में क्षार भी बढ़ गया। मरुभूमि में सिर्फ़ सिंधु की उपज पर निर्भर वह सभ्यता इस तरह कहीं की नहीं रही।

दूसरी गुत्थी—जो एक स्तर पर पहली से जुड़ी है—वैदिक संस्कृति और सिंधु सभ्यता के रिश्ते की है। क्या दोनों में कोई सीधा सम्बन्ध है? क्या आर्य 'आक्रान्ता' थे जिन्होंने हड़प्पा संस्कृति चौपट कर दी? या सिंधुवासी द्रविड़ थे जिन्हें आर्यों ने दक्षिण में धकेल दिया? सिंधु घाटी के उजड़ने और वैदिक संस्कृति के स्थापित होने में कितना फ़ासला है? या नव-स्थापित आर्य संस्कृति ने लुप्त हड़प्पा संस्कृति के बचे तत्त्वों को संक्रमण की सहज प्रक्रिया में धीमे-धीमे आत्मसात कर लिया? या धीमे-धीमे क्षय हो रही हड़प्पा सभ्यता ने वैदिक संस्कृति को आत्मसात कर लिया और जो ऐसा नहीं कर सके वे दूर चले गए? शायद ऐसे सवालों के मद्देनज़र ही रोमिला थापर ने इस मुद्दे को भारतीय इतिहास की सबसे पेचीदा समस्या क़रार दिया है।

समस्या पेचीदा है और कुछ ख़तरनाक भी। ख़तरनाक इस मायने में कि हमारे यहाँ संकीर्ण हिन्दुत्ववादी कुछ समय से हिन्दू धर्म की स्थापना करने वाली वैदिक संस्कृति को जबरन हड़प्पा युग में स्थापित करने की कोशिश में हैं। वे इस विवेचन से—जो अभी अपुष्ट है—परेशान हैं कि आर्य बाहर से आए। उधर जॉन मार्शल से लेकर इरफ़ान हबीब तक—यानी पुरातत्त्ववेत्ता ही नहीं आधुनिक इतिहासकार भी—सिंधु सभ्यता का उद्‌गम मोटे तौर पर देशज मानते हैं। ऐसे में वैदिक संस्कृति को देशज तभी ठहराया जा सकता है जब उसे सिंधु सभ्यता से जोड़ा जाए। मुस्लिम और ईसाई समाज को बाहर का बताकर आँखें दिखाने वालों के लिए शायद यह और ज़रूरी है। लेकिन उनकी मुश्किलें बढ़ गई हैं क्योंकि ऋग्वेद को, नई पुरातात्त्विक खोज के बाद, नौ हज़ार साल पीछे नहीं ले जाया जा सकता। सिंधु सभ्यता का आरम्भिक चरण 7000 ई. पू. माना जाता है। उसका प्रौढ़ युग 2600 ई. पू. से 1900 ई. पू. तक रहा। जबकि वेदों का रचना-काल 1500 ई. पू. के आसपास माना जाता है।

ऋग्वेद की भाषा पुरानी संस्कृत है। हड़प्पा लिपि ब्राह्मी या खरोष्ठी जैसी होती तो अब तक दूध और पानी आप अलग हो गए होते। हक़ीक़त यह है कि अनेक विद्वान ऋग्वेद और ज़रदुश्ती धर्मग्रंथ ज़ेंद-अवेस्ता की भाषा में साम्य देखते हैं। फिर, सिंधु सभ्यता के

दौरान हमारे यहाँ घोड़ा उपयोग में नहीं था। ज़्यादातर पुरातत्त्ववेत्ता, इतिहासकार और नृशास्त्री इस बात पर एक-मत हैं कि घोड़े का प्रयोग भारत में वैदिक युग में हुआ। वैदिक काल के अध्येता राजेश कोछड़ का तो मानना है कि वैदिक जन घोड़े से बड़े आविष्ट थे (अश्व-रथ, अश्व-मेध, अश्व-बलि)। जबकि अकेले मुअनजोदड़ो की खुदाई में हासिल पचास हज़ार चीज़ों में एक पर भी घोड़ा अंकित नहीं है। न कोई और प्रमाण सुराग़ देता है कि सिंधु सभ्यता ने घोड़े को पालतू बना लिया था। वरना कोई वजह नहीं कि वैदिक समाज में समृद्धि और शक्ति का प्रतीक माना जाने वाला घोड़ा मुअनजोदड़ो-हड़प्पा की पशुओं की छवि वाली बेशुमार मुहरों में एक पर मौजूद न हो। वेदों में कहीं पर हड़प्पाई महानगर संस्कृति का संकेत भी नहीं मिलता।

जब देश में भारतीय जनता पार्टी सत्ता में शामिल हुई, सिंधु सभ्यता का नाम ही बदल डालने की कोशिशें चल पड़ीं। एनसीईआरटी की पाठ्य-पुस्तकों में इसे 'सिंधु-सरस्वती सभ्यता' नाम भी दे दिया गया! सरस्वती वेदों में ज़रूर है, पर उसका भौतिक और ऐतिहासिक पक्ष अभी खोज के दायरे में है। दूसरी तरफ़, मान्य तथ्य है कि सिंधु सभ्यता सरस्वती घाटी से यानी पूरब से पश्चिम (बलूचिस्तान) की तरफ़ नहीं गई, बल्कि पश्चिम से पूरब की तरफ़ आई।

अगर देशज-विदेशज की भावुकता के जंजाल में कोई न पड़े तो वैदिक संस्कृति और सिंधु सभ्यता, दोनों, भारत के आदि इतिहास की शान हैं। विडंबना यही है कि वेदों को साहित्य से हड़प्पाई इतिहास के पाले में धकेला जाता है, जबकि इसकी पुष्टि के लिए न दस्तावेज़ हैं न पुरातात्त्विक प्रमाण। साहित्य भी श्रुति में है; उसकी अपनी लिपि नहीं है। जबकि सिंधु सभ्यता में पुरातत्त्व के असंख्य प्रमाण हैं। अपनी लिपि भी है। पर 'साहित्य' नहीं है, जो हड़प्पा की सच्चाई पर रोशनी डाल सके!

इस दुविधा ने कइयों को दिग्भ्रमित किया है। आलोचक भगवान सिंह ने छह सौ पेज की एक किताब लिखी है। हिन्दी में इससे पहले पुरातत्त्वशास्त्री गोवर्द्धनराय शर्मा और इतिहासकार रामशरण शर्मा की किताबें ही चर्चा में थीं। भले ही वे सिंधु सभ्यता पर केंद्रित नहीं थीं, पर उनमें भरोसेमंद स्थापनाएँ थीं। भगवान सिंह की मुश्किल यह है कि उनके विवेचन का तरीक़ा वैज्ञानिक नहीं है। निस्संदेह वेद रचना के रूप में अद्वितीय हैं। पर वे इतिहास नहीं हैं। ऐसा नहीं है कि साहित्य इतिहास की तरफ़ नहीं ले जा सकता। सब जानते हैं किस तरह माइसीनिया की सफल खुदाई वास्तव में होमर के काव्य से सूत्र लेकर शुरू हुई थी। मगर साहित्य या मिथक के 'इतिहास चित्रण' को पुरातत्त्व का साक्ष्य चाहिए। भगवान सिंह ने उलटे पुरातत्त्व को साहित्य के प्रमाण से पुष्ट ठहराने का जतन किया है।

वैदिक संदर्भ वाले "अकाट्य प्रमाणों" के आधार पर भगवान सिंह की स्थापनाएँ कुछ इस तरह हैं: हड़प्पा सभ्यता ही वैदिक सभ्यता है; वैदिक सभ्यता का विकास भारत में हुआ; यहाँ से वह बाहर गई; हड़प्पा सभ्यता में घोड़ा था; वहाँ लोहा भी था; ऋग्वेद में जिस अश्व का ज़िक है, वह वास्तव में गधा है; जिसे परवर्ती हड़प्पा दौर कहा जा सकता है, उसका अध्ययन यजुर्वेद, सामवेद, अथर्ववेद और ब्राह्मणों, कल्पसूत्रों, धर्मशास्त्रों, पुराणों आदि के संदर्भ में ही किया जा सकता है... ।

आवास, स्थापत्य, नगर-नियोजन आदि से जुड़ी विस्तृत वैदिक शब्दावली को सूचीबद्ध करके भगवान सिंह कहते हैं– "इस शब्द भंडार के साथ हड़प्पा के नगरों की निर्मितियों की तुलना के लिए रखकर देखें तो ऐसी कोई निर्मिति नहीं मिलेगी जिसका उल्लेख ऋग्वेद में न आया हो... ।"

सिंधु सभ्यता की गुत्थियों में सबसे अनबूझ गुत्थी उसकी लिपि है। हड़प्पा शोध परियोजना के निदेशक रिचर्ड मीडो ने हाल में दावा किया है कि हड़प्पा में मृद्भाण्डों पर साढ़े पाँच हज़ार साल पुरानी इबारत मिलने के बाद सिंधु लिपि दुनिया की सबसे पुरानी लिपि हो गई है। अब तक मिस्र की लिपि सबसे पुरानी मानी जाती थी। मगर सिंधु लिपि को कभी कोई पढ़ने में कामयाब भी तो हो! यह लिपि पढ़

ली जाए तो बाक़ी गुत्थियाँ आप सुलझ जाएँगी।

लिपि का रहस्य सिंधु सभ्यता की खोज के पहले दिन जहाँ था, आज भी वहीं है। 1872-73 में भारतीय पुरातत्त्व विभाग के पहले महानिदेशक अलेग्ज़ेंडर कनिंगम के सर्वे के थोड़े ही समय बाद हड़प्पा में पहली ठप्पेदार मुहर बरामद हुई थी। तब से कोई तीन हज़ार चित्रलिखित अभिलेख (ज़्यादातर मुहरें) सिंधु सभ्यता के विभिन्न शहरों की खुदाई में मिल चुके हैं। इनमें पचासी फ़ीसद अभिलेख केवल मुअनजोदड़ो और हड़प्पा से मिले हैं। अंकित इबारतों में कुल 419 चिह्नों का प्रयोग हुआ है। बार-बार प्रयोग होने वाले चिह्नों की तादाद दो सौ से ज़्यादा नहीं है। सबसे लम्बी एकल इबारत तीन पंक्तियों में सत्तरह चिह्नों की है। विद्वान इस पर कमोबेश सहमत हैं कि सिंधु लिपि दाएँ से बाईं तरफ़ लिखी जाती थी। लेकिन दूसरी पंक्ति बाएँ से शुरू होती थी। ज़्यादातर इबारतें एक पंक्ति में ही हैं, वे भी औसतन पाँच चिह्नों में सीमित। इरावतम् महादेवन मानते हैं कि लिपि चित्रात्मक थी, ध्वन्यात्मक नहीं। आस्को पारपोला और महादेवन, दोनों सिंधु लिपि को द्रविड़ लिपियों का आरंभिक रूप मानते हैं।

ग्रेगरी पोसेल ने उन चुनिंदा दावों (चालीस के ऊपर) का एक अध्ययन किया है, जिनमें लिपि को पढ़ने के गम्भीर प्रयास किए गए।

उनका मानना है कि एक भी प्रयास—महादेवन और पारपोला सहित—जीआर हंटर के 1929 के स्तर को नहीं छू पाया है। मुश्किल शायद यह है कि सिंधु लिपि के लम्बे आलेख या शिलालेख अब तक नहीं मिले हैं। शायद वे छाल-पत्तों या कपड़े वग़ैरह पर रहे हों और नष्ट हो गए हों। कुछ विद्वानों को तो अब इसमें भी शक होता है कि सिंधु लिपि सचमुच कोई भाषा थी! या वह नाम या चीज़ों का परिचय देने वाली चित्र-लिपि ही थी!

इस घटाटोप में एनएस राजाराम और नटवर झा जैसे लोग भी हो गए हैं जिन्होंने लिपि 'पढ़ने' के साथ टूटी मुहरों को कंप्यूटर से 'दुरुस्त' कर उन पर घोड़े तक बना डाले। एक उत्साही बुजुर्ग जर्मन विद्वान एग्बर्ट रिख्तर-उषनस ने सिंधु घाटी की मुहरों पर कोई न कोई वैदिक ऋचा पढ़ डाली है। इतना ही नहीं, अपनी किताब के अन्त में उन्होंने हड़प्पा लिपि के हर अक्षरांकन (चिह्न) का अर्थ खोलते हुए सिंधु शब्दकोश भी पेश कर दिया है!

सिंधु लिपि को जल्दबाज़ी में 'पढ़' कर कुछ अतार्किक निष्कर्षों तक पहुँच जाने की भूल गम्भीर अध्येताओं ने भी कम नहीं की है। कुछ विद्वान लिपि के निहितार्थ की तरफ़ भी इशारा करते हैं। एस. रंगनाथ राव जैसे जाने-माने पुरातत्त्वी तक इस तरह की स्थापना कर जाते हैं कि सिंधु अभिलेखों में "पाए जाने वाले नाम" उन्हें "वैदिक

ऋषियों और अन्य द्रष्टाओं का स्मरण दिलाते हैं"।

प्रसंगवश, सिंधु लिपि पढ़ने के सिलसिले में पाकिस्तान में कोई उल्लेखनीय प्रयास नहीं हुआ है।

सिंधु सभ्यता के इतिहास की पड़ताल के सिलसिले में जो सवाल मेरे मन में उठे, उनमें यह पसोपेश भी शामिल था कि क्या साहित्य को इतिहास निर्धारण का निर्णायक आधार माना जा सकता है। मुश्किल शायद तब होती है जब विद्वान लोग धार्मिक साहित्य के हवालों को हू-ब-हू इतिहास की घटनाएँ मानकर विराट स्थापनाएँ कर देते हैं। विशेषज्ञों को ये मत कभी न ख़त्म होने वाली बहस में उलझाए रखते हैं। सिंधु यानी हड़प्पा सभ्यता की गुत्थियों को ऋग्वेद की ऋचाओं से खोलने की कोशिश ऐसा ही उद्यम है।

अगर अपने प्रमाणों के जरिए साहित्य-चित्रण उन्नीसवीं सदी में इतिहास को रास्ता दिखा रहा होता तो बात कुछ समझ में आ सकती थी। तब तक पुरातत्त्व का विज्ञान सामने नहीं आया था। कनिंगम ने जब हड़प्पा में क़दम रखा, तब तक मक्स म्युलर यूरोप में रहते हुए ऋग्वेद का काल निर्धारण शुरू कर चुके थे। लेकिन आज इतिहास खोजते वक्त पुरातत्त्व के उपलब्ध प्रमाणों को केंद्र में रखा जाता है। इतिहास लेखन साहित्य जैसा रचनाधर्मी काम नहीं है। इतिहास में कल्पना और आग्रहों के समायोजन की गुंजाइश ही नहीं है। उसे

प्रमाण चाहिए।

हिन्दी में सिंधु घाटी या हड़प्पा सभ्यता पर पुरातत्त्व या इतिहास के लोगों ने कम लिखा है, पर साहित्य के लोगों ने इसमें बड़ी दिलचस्पी ली है। इसमें कोई हर्ज़ की बात न होती अगर अपनी जानकारियों में उन्होंने पुरातत्त्व के उपलब्ध ज्ञान को समाहित कर लिया होता। पुरातत्त्व का लाभ न उठा पाने से हिन्दी में सांस्कृतिक इतिहास की चर्चा अप्रामाणिक ही नहीं, कहीं-कहीं नितांत काल्पनिक हो गई है। जैसे, आर्य आक्रमण की कथा पुरातत्त्व की खोज के नतीजों में ख़ारिज की जा चुकी है। लेकिन पुस्तकों के नए से नए संस्करण में आक्रमण के ब्योरों में हमारे यहाँ कोई संशोधन नहीं किया जाता। यह भी नहीं बताया जाता कि ऋग्वेद का वक़्त तय करना आज भी सबसे बड़ी चुनौती बना हुआ है।

कहते हैं कि मनुष्य अपने काल के विवेक जितना ही विवेकवान होता है। लेकिन अपने काल-बोध से पीछे चले जाने—और दूसरों को वहाँ ले जाने—को आप क्या कहेंगे?

डॉ. वासुदेवशरण अग्रवाल के संस्कृति-बोध का मैं क़ायल रहा हूँ। 1966 में, जब वे काशी हिन्दू विश्वविद्यालय के कला व स्थापत्य विभाग के अध्यक्ष थे, उन्होंने भारत के विभिन्न युगों के कला इतिहास पर एक विशद ग्रंथ “भारतीय कला” लिखा। इसमें ‘सिंधु

घाटी की कला' अध्याय कला विवेचन में, खासकर भाषा की दृष्टि से, अनुपम है। लेकिन मैंने मुअनजोदड़ो देखा है, इसलिए जानता हूँ कि उनके कई ब्योरे सही नहीं हैं। जैसे यह कि नगर के "मुख्य राजमार्ग" पर "कई गाड़ियाँ एक साथ चल सकती हैं"। पर इतनी गहराई में जाने का यहाँ कोई औचित्य नहीं है। ख़ास बात यह है कि इसी अध्याय में सिंधु सभ्यता के साथ उन्होंने ऋग्वेद, उपनिषद, ब्राह्मण, पुराण और कौटिल्य अर्थशास्त्र तक के हवाले दिए हैं। हड़प्पाई संस्कृति के इतिहास से इनकी संगति कहाँ बैठती है?

वैदिक और हड़प्पा सभ्यता में वासुदेवशरण इस विवाद में नहीं पड़ते कि दोनों में कौन-सी सभ्यता पहले की है, कौन-सी बाद की। वे जैसे बीच का रास्ता निकालते हैं। उनकी स्थापना है कि दोनों सभ्यताएँ "सहवासिनी" के रूप में एक साथ पनपीं। उनके मुताबिक़ सिंधु या हड़प्पा सभ्यता "असुरों की संस्कृति" थी। देव और असुर हज़ारों साल तक एक दूसरे से मिलते-जुलते रहे, आपस में शादियाँ कीं। उनमें परस्पर संघर्ष भी हुआ।

मुअनजोदड़ो की बेशुमार मुहरों पर अंकित एक सींग वाले रहस्यमय पशु की पहचान वासुदेवशरण ऋग्वेद के 'शृंगवृष' से करते हैं। वेद मंत्रों का हवाला देते हुए पशु को रुद्र से जोड़ते हैं; पशु के सामने रखे 'स्तम्भ' को वे रुद्र-ध्वज ठहराते हैं; फिर स्तम्भ के एक

भाग को शिव के त्रिशूल की अनुकृति बताते हुए रुद्र-शिव पूजा विधान की स्थापना कर देते हैं! वे यह बताते हैं कि ऋग्वेद में 99 पुरों का ज़िक्र आता है और कहते हैं कि "इतने ही स्थान" सिंधु सभ्यता की "खोज में मिल चुके हैं।"

कहना न होगा, पुरातत्त्व से इन स्थापनाओं की कहीं पुष्टि नहीं होती। इसलिए इतिहासकार भी ऐसा नहीं मानते।

उद्भट विद्वान रामविलास शर्मा ने ऋग्वेद की गहन मीमांसा की है। लेकिन हड़प्पा सभ्यता के मामले में उनकी स्थापना बहुत काल्पनिक है। वे हड़प्पा और वैदिक सभ्यता को एक नहीं बताते, न डॉ. अग्रवाल की तरह दोनों सभ्यताओं का गठजोड़ बिठाते हैं। वे वैदिक सभ्यता को सबसे आगे निकलकर हड़प्पा सभ्यता से भी पुराना ठहराते हैं: "वैदिक काल पहले है, हड़प्पा काल बाद को है...।" इसका "प्रमाण" वे ऋग्वेद में जगह-जगह वर्णित सरस्वती को बताते हैं जो वहाँ 'वेगवती धारा' है। हड़प्पा सभ्यता के ह्रास-काल में सरस्वती सूख गई इसलिए, उनके मुताबिक़, हड़प्पा युग वैदिक युग के बहुत बाद में हुआ।

काल निर्धारण के झमेले में वे ज़्यादा नहीं पड़ते—"सारस्वत क्षेत्र से ऋग्वैदिक सभ्यता का लोप होने पर कितने समय बाद वहाँ हड़प्पा सभ्यता का निर्माण आरम्भ हुआ, यह कहना कठिन है।" लेकिन उसी किताब में वे यह भी कहते हैं कि "ऋग्वेद की रचना ईसा से पाँच

हज़ार साल पहले हुई हो, यह बिलकुल सम्भव है।" इस हिसाब से ऋग्वेद की रचना हड़प्पा काल में हुई, न कि उससे पहले। फिर वे उसी स्थापना पर आ जाते हैं कि पहले "ऋग्वैदिक सभ्यता का विनाश हुआ"! यानी वह हमारी सबसे प्राचीन सभ्यता थी।

सरस्वती के अस्तित्व तक के पुख़्ता प्रमाण अभी मिलने बाक़ी हैं, पर रामविलास जी वैदिक सभ्यता के विनाश का कारण सरस्वती में आई बाढ़ को मानते हैं। फिर कहते हैं कि "कुछ हज़ार साल बाद उसी की (सरस्वती की) जलहीनता से हड़प्पा सभ्यता का ह्रास हुआ।" यानी सरस्वती की वजह से दो महान सभ्यताएँ उठ गईं, कारण चाहे बाढ़ रहा हो या जलाभाव। उनके मुताबिक़, दोनों सारस्वत सभ्यताएँ ही रहीं।

असलियत यह है कि पिछले तीस वर्षों में पाकिस्तान में बलूचिस्तान और सूबा सरहद की खुदाई ने पुरातत्त्व का नक़्शा बदल दिया है। यहीं पर नव-पाषाण युग में कोई नौ हज़ार साल पहले की सिंधु या हड़प्पा सभ्यता के शुरुआती दौर के प्रमाण मिले हैं। मगर इन प्रमाणों में कहीं भी लोहा और आरेदार पहिया नहीं हैं और पालतू घोड़ा तो दूर, वहाँ जंगली घोड़े तक के निशान नहीं हैं। जबकि ये तीनों चीज़ें—लोहा, पहिया और घोड़ा—ऋग्वेद में अहम हैं। जब तीनों चीज़ें बाद में विकसित हुई हैं तो इनकी सभ्यता का काल हड़प्पा काल से पुराना कैसे हो सकता है? शायद इसीलिए कुछ विद्वान वैदिक काल

को सिर्फ़ परवर्ती प्रौढ़ हड़प्पा काल से जोड़ने की कोशिश करते हैं। रामविलास जी सरस्वती की वेग-धारा के सहारे वैदिक सभ्यता को हज़ारों साल पीछे ले गए, ज़ाहिरा तौर पर पुरातात्त्विक प्रमाणों की धारा के विरुद्ध। उनका जैसे यह सूत्र-वाक्य ही है: "बहुविध प्रमाण ऋग्वेद में विद्यमान हैं।"

कोई गहराई में जाता चला जाए तो वेदों के प्रमाण इतने बहुविध हैं कि वह आर्य-भूमि की तलाश में सरस्वती क्या, उत्तरी ध्रुव तक जा सकता है। जैसे अपने प्रसिद्ध ग्रन्थ 'द आर्किटक होम इन द वेदाज' में लोकमान्य बाल गंगाधर तिलक चले गए थे। जलवायु का चित्रण करने वाले ऋग्वेद के एक श्लोक के आधार पर उन्होंने आर्यों का मूल निवास उत्तरी ध्रुव के पास बताया था। पर उस वक़्त ज्ञान-विज्ञान इतना आगे नहीं बढ़ा था। रामविलास जी ने जो स्थापना की, उस वक़्त तो हिन्दी आलोचना में उत्तर-आधुनिकता की बातें होती थीं।

इस प्रसंग में महापण्डित राहुल सांकृत्यायन का ज़िक्र भी प्रासंगिक होगा। घुमक्कड़ शास्त्र के रचेता के रूप में भी और हिन्दी साहित्यकारों में सबसे पहले सिंधु घाटी पर आर्य आक्रमण की स्थापना करने के नाते भी। उन्होंने ऋग्वेद के हवाले से "बाहर से आए पशुपाल" आर्यों को हड़प्पा सभ्यता के संहार की वजह बताया। उनका कहना था कि "मोहनजोदड़ो-हड़प्पा" जैसे नगरों का नाश कर

जीती हुई भूमि को आर्यजनों ने आपस में बाँट लिया और उसे "गोचर भूमि" में परिणत कर दिया। इस स्थापना में आगे खोजबीन की संभावना हो सकती है। लेकिन राहुल जी की मज़ेदार स्थापना यह रही कि वेद में जो "दिव्य सोम" है, वह "वस्तुतः भांग" है!

आर्यों के आक्रमण की इस चर्चा और वैदिक ऋषियों को सोम-रस के नाम से भांग पीने वाला बताने से रामविलास जी बहुत त्रस्त हुए थे। उन्होंने खीझ कर यही नहीं कहा कि राहुल जी में "विवेक की अपेक्षा कल्पनाशीलता प्रबल थी"; बल्कि राहुल जी के "इतिहास बोध" को उन्होंने साम्राज्यवादियों को लाभ पहुँचाने वाला क़रार दे दियाः "उन्हें (अंग्रेज़ों को) यह कहने का मौक़ा मिला कि हमीं ने तुम्हारी सभ्यता का नाश नहीं किया। हमसे पहले आर्यों ने यहाँ की सभ्यता का नाश किया था।"

कुछ समय पहले *जनसत्ता* में रामविलास जी के साथ एक लम्बी बातचीत का अंश प्रकाशित किया गया था। उसमें उन्होंने आर्यों को बाहरी और आक्रमणकारी ठहराने के लिए राहुल सांकृत्यायन—और 'मुर्दों का टीला' लिखने वाले रांगेय राघव को भी—"नस्लवादी" क़रार दिया था! वासुदेवशरण अग्रवाल उनके कोप से शायद इसलिए बच गए क्योंकि उन्होंने देव-असुर संघर्ष को भीतरी बताया था, बाहरी नहीं।

आक्रमण की कहानी राहुल जी साबित नहीं कर सकते थे।

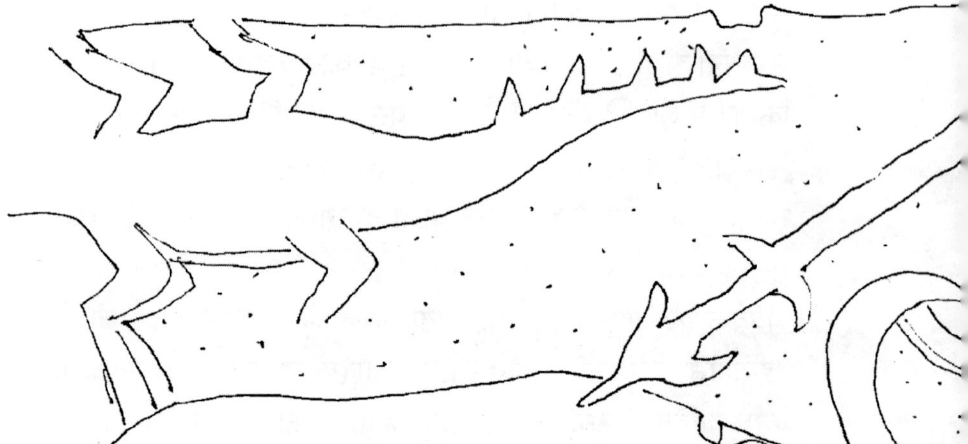

लेकिन रामविलास जी भी वैदिक सभ्यता को हड़प्पा से पुरानी बताते हुए पुष्टि के लिए पुरातत्त्वज्ञों की तरफ़ देखते हुए चले गए—“गहराई से उत्खनन हो तो यह सम्भव है कि हड़प्पा सभ्यता के स्तरों के नीचे जलप्रलय वाली मिट्टी मिले।” इसके बावजूद अपनी अपुष्ट मान्यताओं को उन्होंने प्रकाशन के जरिए स्थापित करने के क़ाबिल ज़रूर समझा।

‘कामायनी’ के कर्म सर्ग में एक पंक्ति आती है: “बन जाता सिद्धान्त प्रथम, फिर पुष्टि हुआ करती है...।” अपनी मनचाही स्थापनाओं की भावी पुष्टि की राह हिन्दी में कई लेखक देख गए हैं। कई अब भी देख रहे होंगे। ऐसे में यह अकारण नहीं है कि हिन्दी की ऐसी परिश्रमजन्य कृतियों के हवाले पुरातत्त्व या इतिहास के महत्त्वपूर्ण ग्रन्थों में परिशिष्ट की सन्दर्भ-सूची तक में जगह नहीं पाते।

सिंधु घाटी सभ्यता के मामले में ऋग्वेद को लेकर हिन्दी का पांडित्य ही उलझा हो, ऐसी बात नहीं है। सिंधु सभ्यता पर आर्य आक्रमण की अवधारणा पहले-पहल 1926 में बंगाली विद्वान रामप्रसाद चाँद ने रखी थी। फिर 1934 में गॉर्डन चाइल्ड ने कहा कि हड़प्पाई कंकाल “आक्रमणकारी” आर्यों के हो सकते हैं। लेकिन ज़्यादा जोशो-ख़रोश से इसे कोई बारह साल बाद सर मार्टिमर वीलर ने उठाया, सीधे-सीधे ऋग्वेद का हवाला देते हुए।

कोई सिद्ध पुरातत्त्वी इस तरह की स्थापना में शरीक हो, ऐसा पहले देखा नहीं गया था। किसी न्यायाधीश की तरह मुअनजोदड़ो में मिले कंकालों का हवाला देते हुए वीलर ने लिखाः "पारिस्थितिक साक्ष्य को देखते हुए व्यापक और सायास विनाश के लिए इन्द्र मुलज़िम ठहरते हैं।" इसके बाद तो 'पुरंदर' (दुर्ग-विनाशक) आर्य-देव इन्द्र पर आरोपों का सिलसिला चल पड़ा। वामपंथी इतिहासकार इस अभियान में आगे रहे। दामोदर धर्मानंद कोसांबी ने ऋग्वेद से सन्दर्भ उठाते हुए यह भी कहा कि हमले के दौरान आर्यों ने हड़प्पाई बाँध व्यवस्था को नष्ट कर दिया, जिससे खेत तबाह हो गए और शहर भी। हमले की यह परिकल्पना प्रत्यक्ष और पारिस्थितिक साक्ष्यों से निर्मूल साबित हुई। कंकालों के परीक्षण के बाद 1964 में पुरातत्त्वज्ञ जॉर्ज डेल्स ने—जिन्होंने मुअनजोदड़ो में आख़िरी खुदाई की—साबित किया कि 'हत्याकांड' निरा कल्पित है।

इसके दो साल बाद वीलर को अपनी किताब के नए संस्करण में यह मानना पड़ा कि इंद्र के 'हमले' वाले विवेचन में वे संजीदा नहीं रहे। हाल में पुरातत्त्ववेत्ता बृजवासी लाल और इंद्र देव के हवाले से यह बात सामने आई है कि हड़प्पा की रिपोर्ट में इंद्र की आक्रमण-कथा का समावेश वीलर की मौलिक 'सूझ' नहीं थी; हड़प्पा की खुदाई के दौरान वीएस अग्रवाल नामक एक कर्मचारी ने यह

विचार उन्हें नज़्र किया था! जो हो, पुरातत्त्वी इल्ज़ाम के बाद भी मुलज़िम इन्द्र कभी मुजरिम साबित नहीं हुए और कल्पित 'मुक़दमा' अन्ततः ख़ारिज हो गया।

कहने का सबब यह है कि साहित्य के वर्णनों की मदद से ऐतिहासिक स्थापनाओं में न लेखक कामयाब हो सकते हैं, न इतिहासकार और न ही पुरातत्त्ववेत्ता। इतिहास की गाड़ी को कल्पना के घोड़े लगाकर दलदल में ही फँसाया जा सकता है।

पुरातात्त्विक अन्वेषण में—और अन्ततः इतिहास लेखन में—साहित्य किस तरह मददगार हो सकता है, इस सम्बन्ध में मैंने पहले माइसीनिया (यूनान) की खुदाई के सिलसिले में होमर के महाकाव्य (इलियड और ओडिसी) का ज़िक्र किया था। ऋग्वेद से भी ज़रूर ऐसे सूत्र हमें मिल सकते हैं जो खुदाई में यानी प्रत्यक्ष साक्ष्य खोजने में मदद करें। लेकिन होंगे वे सूत्र ही।

सरस्वती की खोज शायद कुछ इसी तरह शुरू हुई थी। लेकिन पता नहीं किस उतावलेपन में कुछ मार्क्सवादी, आर्यसमाजी और कुछ भाजपाई मत-मतांतर यहाँ एक हो गया और सिंधु-सारस्वत मान्यता की जैसे स्थापना ही हो चली। अटल बिहारी वाजपेयी के राज में सरस्वती क्षेत्र की खुदाई बहुत धूम से आगे बढ़ी थी। उनके संस्कृति मंत्री जगमोहन ने सरस्वती के उत्खनन के साथ सिंधु घाटी की खुदाई

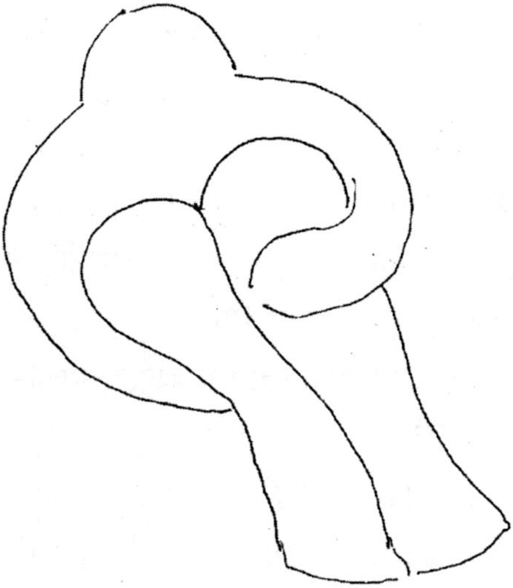

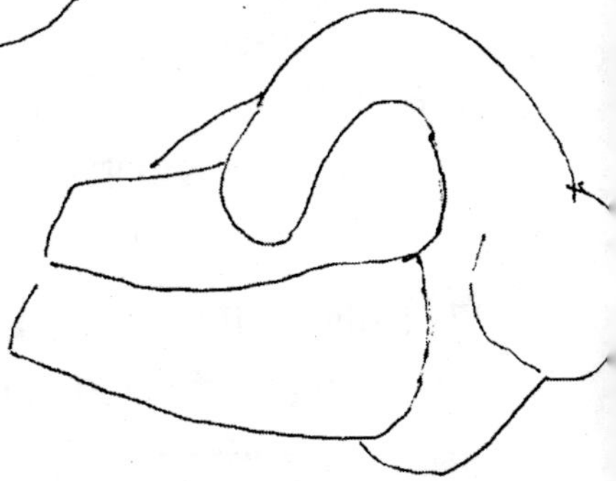

लायक़ कोई पन्द्रह सौ जगहों की सूची भी बनाई। हैरत की बात यह हुई कि बाद में आने वाली प्रगतिशील गठबन्धन की सरकार ने सरस्वती की खुदाई का वह सिलसिला बन्द कर दिया।

माना जाता है भारत में घग्घर और पाकिस्तान में हाकड़ा प्राचीन सरस्वती के अवरुद्ध रूप हैं। सरस्वती का जिक्र वेदों में ही नहीं, लोकचित्त में भी गहरे पैठा हुआ है। लोकचित्त की मान्यताएँ हमेशा निराधार नहीं होतीं। लेकिन साबित न हों, तब तक वे इतिहास भी नहीं कहलातीं। सरस्वती की धारणा की पुष्टि या निराकरण के लिए प्रत्यक्ष पुरातात्त्विक प्रमाण नहीं हैं। साहित्यिक या भाषिक प्रमाण काफ़ी नहीं माने जाएँगे। भूगर्भ आख़िर संस्कृति से पुरानी चीज़ है। आपको मालूम होगा कि कुछ विद्वानों ने ऋग्वेद की सरस्वती और ज़रदुश्ती अवेस्ता में वर्णित अफ़ग़ानिस्तान की हेलमण्ड नदी के हवालों में बहुत साम्य पाया है। ज़ाहिर है, कई प्रयोजनों से सरस्वती क्षेत्र की खुदाई लाज़िमी है।

एक वाम-समर्थित सरकार में सरस्वती को हिन्दू प्रतीक मानते हुए पुरातात्त्विक विषय-वस्तु स्वीकार कर लेना शायद टेढ़ा काम हो चला था। लेकिन खुदाई को टालने से उसी विचारधारा की जड़ें सींची जाएँगी, जिसके तहत सरस्वती को हक़ीक़त मानकर इतिहास ही नहीं, पुरातत्त्व तक की अवैज्ञानिक पुनर्व्याख्या हो रही है। इस मामले में डॉ.

कोछड़ का यह सुझाव वाजिब जान पड़ता है कि भारत और पाकिस्तान दोनों मिलकर सरस्वती के कथित क्षेत्र की खुदाई कराएँ। यह खोज यूनेस्को की देखरेख में हो। यह सिर्फ़ इतिहास, वैदिक सभ्यता या सिंधु-हड़प्पा सभ्यता के काल निर्धारण का मामला नहीं है। इससे पुरातत्त्व; भूगर्भ और नदी विज्ञानों की प्रतिष्ठा भी जुड़ी हुई है। इन पर आँच न आए, ऐसा तभी सम्भव है जब खुले दिमाग़ से काम हो—शासन में भी और विज्ञान में भी।

लगता है हमारे यहाँ पिछली-अगली हर सरकार जॉर्ज ऑरवेल की इस वक्रोक्ति के अपने-अपने मतलब निकाल लेती है: "अतीत पर जिसका क़ब्ज़ा होगा, भविष्य उसी के क़ाबू में होगा; और जो वर्तमान पर क़ाबिज़ है, अतीत पर उसी का क़ाबू होगा।"

मुअनजोदड़ो के टीले पर बने भव्य बौद्ध स्तूप की छाया अभी लम्बी नहीं हुई थी। शाम ढलने में वक़्त था। ध्यान दिलाया गया कि अभी हमें लाड़काणा जाना है। वहाँ से टैक्सी बदल कर सक्खर। सक्खर के जुड़वाँ क़स्बे रोहड़ी से आधी रात को लाहौर निकलने वाली ट्रेन पकड़नी है।

'सड़क का रास्ता रात में महफ़ूज नहीं है', हैदरबख़्श ने याद दिलाया। गुलाब भाई ने असहमति नहीं जताई। सबकी फ़िक्र माक़ूल

थी। डाकुओं का डर कोरा हौवा नहीं। राहगीरों के साथ वारदातें यहाँ आए रोज़ होती हैं।

मन में अजीब हलचल थी। क्या कुछ देर रुक नहीं सकते! बस थोड़ी देर और। टीले पर एक बार फिर चढ़ें और स्तूप की मुँडेर से सूर्यास्त देखें। ढलता हुआ वह आदिम सूरज जो हज़ारों साल पहले आबाद मुअनजोदड़ो की गहमागहमी में किसी शाम ठीक यहीं, ऐसा ही डूबा होगा! तहज़ीबें बनती और गुरूब होती हैं; लेकिन सूरज-चाँद के उदय-अस्त ही हैं जो जस के तस रहते हैं। अक्षुण्ण, चिरंतन। सजीव और पवित्र।

लेकिन लौटना होगा। हजार दुविधाएँ लेकर सिंध में कदम रखा था। मुअनजोदड़ो की तफ़रीह ने मन की कई गाँठें खोल दीं। हड़प्पा हो आने का भी मन था। पर दूरी ने हतोत्साह किया।

हज़ारों अधूरी ख़्वाहिशों में एक मुख़्तसर को और जमा कर हमने मुअनजोदड़ो को विदा कह दिया। इंशाअल्लाह, फिर आएँगे। दिया मन को दिलासा। पाँव पलटे और आगे बढ़े। गुलाब बोले, मैं लाड़काणा तक आपके साथ चलूँगा। वहाँ से दूसरी टैक्सी दिलवा कर लौट आऊँगा। ज़रूर चलें। जुदाई का वक़्त है, पर मन हलका है। एक गहरा आत्मतोष, एक तसल्ली। अपनी आँख से मुअनजोदड़ो देखा है। मुअनजोदड़ो...सभ्यताओं की सभ्यता। संस्कृति का तीर्थ। कला

का आदि-पर्व।

लाड़काणा तक का सफ़र चुप्पी में गुजरा। जैसे हम क़दीम खँडहरों के गड्डमड्ड मंज़र समेट कर मन में तरतीबवार कर रहे हों। ख़यालों का सिलसिला कभी दृश्य के भीतर जाता, कभी बाहर। अनुभव हुआ कि सिंधु घाटी सभ्यता को लेकर खुदाई कम हुई है, विवादों की जड़ें ज़्यादा खोदी गई हैं। यह बहस ज़्यादा मायने नहीं रखती कि हड़प्पाई लोग आर्य थे या अनार्य; वेद पहले लिखे गए या बाद में। वेद भले बाद में लिखे गए हों या लोग 'बाहर' से आए हों, लेकिन यह मानना मुश्किल होगा कि हड़प्पा सभ्यता—जिसका देशज होना स्थापित है—लुप्त हुई तो ख़त्म भी हो गई। खेती, पशुपालन और नगर नियोजन में तो सभ्यता एक विराट क्रांति थी ही। इसके साथ सभ्यता के वे चिह्न भी अहम हैं जिन्होंने हमें क़ुदरत और अपने पर्यावरण से तालमेल की एक अनूठी जीवन-शैली दी। कुछ विद्वानों ने शिवलिंग, हवनकुण्ड, स्वस्तिक और कमण्डल जैसे प्रतीकों के ज़रिए हड़प्पा सभ्यता को हिन्दू सभ्यता साबित करने का बहुत जतन किया है। लेकिन इसमें भावना का पुट ज्यादा, विवेक कम है।

निश्चय ही धीरे-धीरे स्वरूप लेने वाले भारतीय जीवन-दृष्टि के कुछ पहलुओं में हड़प्पा सभ्यता की छाप देखी जा सकती है। मसलन, सामूहिक स्नान-कुण्ड की मौजूदगी। या मुहरों पर 'महायोगी' की

छवि। जंगली पशुओं से घिरे महापुरुष आदि-शिव हों न हों, उसे योग का आसन माना जा सकता है। संसार मानता है कि योग भारत की मौलिक देन है। दिलचस्प बात है कि व्यक्ति को भीतर की तरफ़ मोड़ने वाले योग का पाठ समृद्ध और नागर मुअनजोदड़ो से आया होगा। छोड़ने का मतलब तभी है जब छोड़ने के लिए आपके पास कुछ हो। यह त्याग है। आँख होने के अहंकार का विलय कर आँखें मूँदना और भीतर की आँख से खुद को और दुनिया को देखना। शब्दों के पार मौन में अर्थ ढूँढ़ना। दो पाँव से दुनिया नापने की महत्त्वाकांक्षा के बरक्स पालथी मार कर बैठना और काल की दूरी नापना। हाथ पर हाथ धर कर बैठना हमेशा निरर्थक नहीं होता। समृद्धि और भव्यता के बीच मुअनजोदड़ो की मुहरों का यह गहरा संदेश है।

मुअनजोदड़ो की दोनों विख्यात छवियों—'नरेश' और 'नर्तकी' की—आँखें खुली नहीं हैं। बंद या अध-मुँदी आँखों में अपनी गरिमा का वास है। यह अकारण नहीं कि मुअनजोदड़ो की यह भंगिमा कई सदियों बाद फिर हमारे देश में ही बुद्ध और महावीर की ध्यान-मुद्रा में दिखलाई दी।

अच्छा होता कि मुअनजोदड़ो की लिपि पढ़ी जा सकती। मगर उसके कला-रूपों की भाषा और उसके संदेश तो बग़ैर लिपि के भी पढ़े जा सकते हैं। सिंधु घाटी की मुहरों में मनचाहे श्लोक ढूँढ़ने से

बेहतर होगा सभ्यता का दर्शन और उसकी उदात्त कला-दृष्टि की पहचान की जाए। हड़प्पा-मुअनजोदड़ो के चित्रों के बिम्ब, चेहरों के भाव और आकृतियों के संयोजन पढ़ने का महत्त्व इबारतें पढ़ने से कमतर नहीं माना जाएगा।

शान्ति, अहं का विलय, कला के लघु-रूप और प्रकृति का सान्निध्य। लेकिन सिर्फ़ यही सिंधु सभ्यता से आम भारतीय का रिश्ता नहीं जोड़े रखते। सच्चाई यह है कि हम आज भी ईंटें उसी आकार में वैसे ही सेंक कर बरतते हैं जैसे पाँच हज़ार साल पहले बरती गई थीं। खेत, हल, सिंचाई, फ़सलें, बैलगाड़ियाँ, गहने, घर, कुएँ, जल-निकास और कला व शिल्प की अनेक परम्पराएँ आज भी वैसी ही चली आती हैं, जैसी तब थीं। मुअनजोदड़ो की 'नर्तकी' के बाएँ हाथ में कलाई से कंधे तक जो 'चूड़ा' है, वह भारत और पाकिस्तान के थार में औरतों के हाथों पर आज भी इसी रूप में देखा जा सकता है। सही है कि ये सभ्यता के उस उत्कर्ष के चंद अवशेष हैं। लेकिन संस्कृतियाँ इसी तरह कुछ छोड़ते और कुछ जोड़ते हुए आगे बढ़ती हैं। किसी ने ठीक कहा है कि अतीत कभी मरता नहीं है।

सही मायनों में हड़प्पा सभ्यता किसी कर्मकाण्ड की स्थापना नहीं, एक दर्शन का सूत्रपात थी। हथियारों से दूर एक शान्तिप्रिय सभ्यता, 'योग' के आत्मानुशासन में अंतर्मुखी चेतना का संदेश देती हुई।

ग्रेगरी पोसेल के शब्दों में, संस्कृति की शक्ल में एक ऐसा विश्वास जो सभ्यता का 'मानवीय चेहरा' पेश करता है। हम इसे 'भारतीय' कह सकते हैं। लेकिन अब पाकिस्तान-बांग्लादेश के बँटवारे के बाद भारतीयता के लिए भी शायद कोई नया नाम ढूँढ़ना पड़े, जो उन्हें भी मंज़ूर हो!

जो हो, उस परम्परा को भारतीय उप-महाद्वीप में एक साझा विरासत के रूप में साफ़ तौर पर पहचाना जा सकता है। जैसा कि सिंध के एक नेता ने कहा था – हम चंद दशकों से पाकिस्तानी हैं, कुछ सदियों से मुसलमान, मगर हज़ारों साल से सिंधी हैं। हमारी विविधता में यह एक केंद्रीय सूत्र है। इस परम्परा का जीता-जागता प्रतीक सिंधु घाटी की सभ्यता है। इस परम्परा को वैदिक सभ्यता ने समृद्ध किया है। इस्लाम ने भी।

'अज्ञेय' की दो पंक्तियों की एक कविता है–'साँझ-सबेरे':

रोज़ सबेरे मैं थोड़ा-सा अतीत में जी लेता हूँ–
क्योंकि रोज़ शाम को मैं थोड़ा-सा भविष्य में मर जाता हूँ।

मुअनजोदड़ो के अतीत में मैं कई ज़िन्दगियाँ एक साथ जीकर आया हूँ।

संदर्भ

सिंधु सभ्यता को समझने और अपनी राय बनाने में लेखक को जिन किताबों से मदद मिली, उनमें प्रमुख निम्नलिखित हैं। लेखक विद्वानों के प्रति कृतज्ञ है।

1. मोएनजोदड़ो एंड द इंडस सिविलाइज़ेशन (भाग 1-3), *जॉन मार्शल*, आर्थर प्रोब्सटेन, लंदन, 1931
2. द इंडस सिविलाइज़ेशन, *मॉर्टिमर वीलर*, केंब्रिज यूनिवर्सिटी प्रेस, न्यू यॉर्क, 1953
3. एंसियेंट सिटीज़ ऑफ़ द इंडस वैली सिविलाइज़ेशन, *जोनाथन मार्क केनोयर*, ऑक्सफ़ॅर्ड अमेरिकन इंस्टीट्यूट ऑफ पाकिस्तान स्टडीज़, कराची, 1998
4. द इंडस सिविलाइज़ेशन, *अर्नेस्ट मैके*, संगे-मील पब्लिकेशंस, लाहौर, 2001
5. द इंडस वैली इन द वैदिक पीरियड, *रामप्रसाद चांद*,

आर्कियोलॉजिकल सर्वे ऑफ़ इंडिया, नई दिल्ली, 1926
6. सर्वाइवल ऑफ़ द प्रिहिस्टॅरिक सिविलाइज़ेशन ऑफ़ द इंडस वैली, *रामप्रसाद चाँद,* ऑर्कियोलॉजिकल सर्वे ऑफ़ इण्डिया, नई दिल्ली, 1929
7. द इंडस सिविलाइज़ेशन, *ग्रेगरी एल. पोसेल,* अल्टामीरा/ विस्तार पब्लिकेशंस, नई दिल्ली, 2002
8. एन एनसाइक्लोपीडिया ऑफ़् इंडियन आर्कियोलॉजी, *अमलानंद घोष,* मुंशीराम मनोहरलाल, नई दिल्ली, 1989
9. डॉन एंड डिवोल्यूशन ऑफ़् इंडस सिविलाइज़ेशन, *एस. रंगनाथ राव,* आदित्य पब्लिकेशंस, नई दिल्ली, 1991
10. फ़ाइंडिंग फ़ॉरगॉटन सिटीज़, *नयनजोत लाहिड़ी,* परमानेंट ब्लैक, दिल्ली, 2005
11. अंडरस्टैंडिंग हड़प्पा, *शीरीन रत्नागर,* तूलिका बुक्स, नई दिल्ली, 2002
12. एंसियेंट चोलिस्तान, आर्कियोलॉजी एंड आर्किटेक्चर, *मुहम्मद रफ़ीक़ मुग़ल,* फ़ीरोज़संस, लाहौर, 1997
13. एंसियेंट इंडस सिविलाइज़ेशन, *रफ़ी यू. समद,* रॉयल बुक कंपनी, कराची, 2000
14. मोएनजोदड़ो, हेरिटेज ऑफ़् मैनकाइंड, *एहसान हसन नदीम,* संगे-मील पब्लिकेशंस, लाहौर, 1994
15. द इंडस स्क्रिप्ट, *इरावतम् महादेवन,* आर्कियोलॉजिकल सर्वे ऑफ़ इंडिया, नई दिल्ली, 1977

16. द इंडस स्क्रिप्ट एंड द ऋग्वेद, *एगबर्ट रिख्तर-उषनस,* मोतीलाल बनारसीदास, दिल्ली, 1997
17. डिसाइफ़रिंग द इंडस स्क्रिप्ट, *आस्को पारपोला,* केंब्रिज यूनिवर्सिटी प्रेस, न्यू यॉर्क, 1994
18. द हड़प्पन सिविलाइज़ेशन एंड इट्स राइटिंग, *वाल्टर ए. फ़ेयरसर्विस,* ऑक्सफ़र्ड/इंडिया बुक हाउस, नई दिल्ली, 1992
19. राखालदास बंद्योपाध्याय, *अशोक के. भट्टाचार्य,* साहित्य अकादेमी, नई दिल्ली, 1999
20. सरस्वती इन इंडियन लिटरेचर, *बिमल चरण लॉ,* आर्कियोलॉजिकल सर्वे ऑफ़ इंडिया, नई दिल्ली, 1935
21. द सरस्वती फ़्लोज़ ऑन, *बृजवासी लाल,* आर्यन बुक्स इंटरनेशनल, नई दिल्ली, 2002
22. द कल्चर एंड सिविलाइज़ेशन ऑफ़ द एशियेंट इंडिया इन हिस्टोरिकल आउटलाइन, *डी.डी. कोसाम्बी,* रुटलेज़ एंड केगन पॉल, लंदन, 1965
23. द इंडस सिविलाइज़ेशन, *इरफ़ान हबीब,* अलीगढ़ हिस्टोरियन्स सोसायटी/तूलिका बुक्स, नई दिल्ली, 2002
24. इंडियाः हिस्टोरिकल बिगनिंग्ज़ एंड द कंसेप्ट ऑफ़ द आर्यन, *रोमिला थापर एवं अन्य,* नेशनल बुक ट्रस्ट, नई दिल्ली, 2006
25. द आर्यन डिबेट, संपा.: *टॉमस आर. ट्रॉटमैन,* ऑक्सफ़र्ड यूनिवर्सिटी प्रेस, लंदन, 2005

26. तैस्सीतोरी एंड राजस्थान, *सोसाइटा इंडोलॉजिका,* उदीने (इटली), 1999
27. द वेदिक पीपल, *राजेश कोछड़,* ओरिएंट लौंगमेन, हैदराबाद, 2000
28. हड़प्पा सभ्यता और वैदिक साहित्य, *भगवान सिंह,* राधाकृष्ण प्रकाशन, नई दिल्ली, 1987
29. इतिहास दर्शन, *रामविलास शर्मा,* वाणी प्रकाशन, नई दिल्ली, 1995
30. ऋग्वेदिक आर्य, *राहुल सांकृत्यायन,* किताब महल, इलाहाबाद, 1956
31. भारतीय कला, *वासुदेवशरण अग्रवाल,* पृथिवी प्रकाशन, वाराणसी, 1987
32. सिंधु सभ्यता, *किरणकुमार थपल्याल* और *संकटाप्रसाद शुक्ल,* उत्तर प्रदेश हिन्दी संस्थान, लखनऊ, 1976
33. आर्य संस्कृति की खोज, *रामशरण शर्मा,* सारांश प्रकाशन, नई दिल्ली, 1995
34. ऋग्वेद, हड़प्पा सभ्यता और सांस्कृतिक निरंतरता, *कृपाशंकर सिंह,* किताबघर, नई दिल्ली, 2007
35. इतिहास, संस्कृति और साम्प्रदायिकता, *गुणाकर मुळे,* यात्री प्रकाशन, दिल्ली, 2008